Alphabets
Buchstaben
Calligraphy

Joseph Kiermeier-Debre • Fritz Franz Vogel

Johann David Steingruber

Architectonisches Alphabeth 1773

Ravensburger Buchverlag

Die Deutsche Bibliothek – CIP-Einheitsaufnahme

Steingruber, Johann David:
Architectonisches Alphabeth 1773 / Johann David
Steingruber. – Joseph Kiermeier-Debre; Fritz Franz
Vogel. – Orig.-Ausgabe – Ravensburg: Ravensburger
Buchverlag, 1997
    (Alphabets, Buchstaben, Calligraphy)
    ISBN 3–473–48394–X

1. Auflage 1997
© der Originalausgabe 1997
beim Ravensburger Buchverlag
und bei den Herausgebern

Idee, Recherche, Gestaltung und Prepress
Joseph Kiermeier-Debre, D–Unterthingau
Fritz Franz Vogel, CH–Wädenswil

Herstellung
Rudolf Göggerle, D–Ravensburg

Übersetzungen
Malcolm Green, D–Heidelberg
Pierre Deshusses, F–Lyon
Atelier Lauriot Prévost, F–Paris

Typographie
Gesetzt aus der Garamond Berthold

Lithographie
Photolitho AG, CH–Gossau

Gesamtherstellung
Appl, D–Wemding

Papier
Munken Pure

Printed in Germany

In gleicher Ausstattung erscheinen:

Johann Theodor de Bry
Neiw kunstliches Alphabet
(Frankfurt 1595)

Antonio Basoli
Alfabeto pittorico
(Bologna 1839)

Paulus Franck
Schatzkammer / Allerhand Versalien
(Nürnberg 1601)

Weitere Bände sind geplant.

Von den beiden Herausgebern ist bereits erschienen.

Das Alphabet. Die Bildwelt der Buchstaben von A bis Z.
Ravensburger Buchverlag 1995

Das Buch wurde 1995 als eines der schönsten deutschen Bücher ausgezeichnet. Es erhielt im gleichen Jahr
den 2. Preis der Stiftung Buchkunst Frankfurt.

Alphabets

Avant-propos

Dans les bibliothèques, véritables lieux de béatitude pour le bibliophile, on peut découvrir des livres étranges qui, bien que composés de lettres, ne sont pas destinés à être seulement lus. Il s'agit de précieux alphabets et autres modèles de calligraphie, dont il ne nous reste plus que de rares exemplaires et que cette collection reproduit pour notre plaisir et notre étonnement. Le monde y est présenté de façon bien particulière. Les lettres ne sont plus seulement là au service d'une abstraction du sens mais comme l'expression sensible et imagée ou calligraphique d'une époque. Elles deviennent signes spécifiques d'une époque. À la lettre, comme texte, est opposée la lettre comme image. Les concepts deviennent images, les images concepts; ut pictura poesis (...que l'image devienne poésie et inversement).

Orientation dans l'espace et apprentissage de l'alphabet se réalisent presque simultanément à mesure que se forme l'identité. C'est ainsi qu'au fil des premières années de la vie, ce n'est pas seulement la géométrie des corps et son appréhension qui s'affinent, mais aussi la langue et son usage. Celui qui s'est assuré la maîtrise de la langue, construit des tours avec des blocs et des châteaux avec du sable. Une fois maître du langage et donc aussi de l'économie, l'adulte se construit des maisons comme autant d'insignes correspondant à sa valorisation personnelle et à son attitude d'esprit.

Buchstaben

Vorwort

In Bibliotheken, an diesen Orten der bibliophilen Glückseligkeit, lassen sich wundersame Bücher entdecken, die zwar Buchstaben enthalten, aber doch nicht zum puren Lesen geeignet sind. Es handelt sich um kostbare Alphabet- und Schreibmeisterbücher, die zumeist nur noch in wenigen Exemplaren erhalten sind und die diese Reihe erneut zum Anschauen und Staunen vorlegt. In ihnen repräsentiert sich die ganze Welt auf eigenwillige Art und Weise. Die Buchstaben sind nicht mehr bloß Träger abstrakter Bedeutung, sondern auch sinnlich-bildhafter oder kalligraphischer Ausdruck einer Epoche. Sie verdichten sich zu einem spezifischen Zeit-Zeichen. Der Letter als Text wird die Letter als Bild entgegengesetzt. Begriffe werden Bilder, Bilder werden Begriffe; ut pictura poesis (...auf dass das Bild Dichtung sei, und umgekehrt).

Die Raumorientierung und das Erlernen des Alphabets geschehen bei der Identitätsbildung ziemlich gleichzeitig. So verfeinern sich im Laufe der ersten Lebensjahre nicht bloß die Körpergeometrie und deren Wahrnehmung, sondern auch die Sprache und deren Gebrauch. Wer sich der Sprache bemächtigt, baut mit Klötzen Türme und mit Sand Burgen. Wer als Erwachsener sprach- und damit auch wirtschaftsmächtig geworden ist, baut sich Häuser als Insignien, die der individuell erforderten Geltung und Geisteshaltung entsprechen.

Johann David Steingrubers Architekturalphabet fand nach dessen Publikation 1773 kei-

Calligraphy

Foreword

In libraries, those choice locations of bibliophile rapture, one can sometimes discover wondrous books which, although they contain letters, are not designed purely to be read. The books in question are those precious alphabet and writing manuals – mostly produced in just a handful of copies – which the current series is presenting again so that a new generation may gaze and marvel at them anew. The entire world is represented here in a highly unconventional way. The letters are not merely vehicles for abstract meanings, for they are also the sensual, pictorial or calligraphic expression of an epoch. They are condensed in such a way as to become a specific sign of their age. The letter as text is set against the letter as picture. Concepts become pictures, pictures become concepts; ut pictura poesis (= that the picture may be poetry, and vice versa).

Spatial orientation and learning the alphabet take place more or less simultaneously while the child's identity is formed. During the first years of life, not only do the spatial geometry of the body and the awareness of this become more sophisticated, but also language and its use. A child who masters language also builds towers with building blocks and castles with sand. An adult who has a good command of language and with that commands the business world, builds himself houses as insignia that reflect

5

L'alphabet architectonique de Johann David Steingruber ne trouva pas preneur après sa publication en 1773, non pas que son architecture fût trop colossale ou trop exigeante d'un point de vue technique, mais bien plutôt parce que son utilité n'était pas directement perceptible. Vivre dans une lettre que l'on a du mal à percevoir comme telle, est sans fondement ni fondation, et ce n'est que dix ans plus tard que les frères Montgolfier ont révolutionné l'image que l'on pouvait avoir du monde. Pourtant, l'architecture amputée de sa réalisation n'est pas forcément signe d'insuccès. Le savoir faire des architectes, ce sont de libres constructions du raisonnement et non de serviles obligations aux bâtiments. Les architectes aussi sont des idéalistes pleins d'imagination, des artistes; la plus grande partie de ces projets reste dans le domaine intellectuel et n'exige pas le recours à la truelle, car faire un projet est déjà pour eux une ‹réelle› façon de construire.

Que bâtir soit davantage qu'une simple construction d'enveloppes, c'est ce que montrent admirablement les projets de Steingruber. Par-delà l'esthétique de la projection formelle, l'aménagement fictif de l'intérieur révélé par le plan nous délivre bien plus qu'un simple modèle architectonique. Car c'est justement dans l'architecture d'apparat que l'on se demande toujours à quoi servaient toutes ces entrées et ces mansardes, ces chambres et ces cabinets, ces salles et ces boudoirs, qui logeait en ces lieux, qui faisait la cuisine et s'occupait du chauffage, comment on s'approvisionnait et comment on se soulageait. Tous ces plans permettent aux «connaisseurs de l'architecture et aux amateurs curieux» de jeter un regard sur cette vie partagée par les familles princières et la valetaille; tout un monde que les projections et les façades dissimulent généralement comme autant de beaux masques.

nen Auftraggeber, nicht weil die Architektur zu kolossal oder technisch zu anspruchsvoll gewesen wäre, sondern eher weil der Nutzen nicht unmittelbar ins Auge sprang. In einem Buchstaben zu leben, der als solcher kaum wahrgenommen werden kann, entbehrt des Bau-Grundes, und die Gebrüder Montgolfier revolutionierten erst zehn Jahre später die Optik auf die Welt. Architektur, die nicht gebaut wird, spricht jedoch keineswegs für Erfolglosigkeit. Der Architekten Metier sind freie Gedankengebäude und nicht vorgeschriebene Gebäudekanten. Auch Architekten sind Phantasten, Idealisten, Künstler; der größte Teil der Entwürfe bleibt Kopf- statt Maurerarbeit, denn Entwerfen ist für sie bereits ‹reales› Bauen.

Dass Bauen mehr ist als die bloße Konstruktion von Hüllen, zeigen Steingrubers Entwürfe sehr schön. Neben dem ästhetisch-formalen Aufriss liefern die fiktional-inhaltlichen Bestimmungen auf dem Grundriss mehr als ein architektonisches Musterbuch. Gerade in der Prunkarchitektur fragt man sich stets, wofür all die Entrees und Mansarden, Zimmer und Kabinette, Säle und Stuben dienten, wer wo logierte, kochte und heizte, woher sich die Belegschaft versorgte oder wer wo die Notdurft verrichtete. Die Grundrisse vermitteln hier den «Architectonischen Kennern und curieusen Liebhabern» spannende Einblicke in das Leben zwischen Fürstenfamilie und Gesinde; eine Welt, die die Aufrisse, die Fassaden, ansonsten wie beschönigende Masken verbergen.

Die von Gernot Maul fotografierten architektonischen Modelle entstanden 1994 als Studienarbeiten bei den Professoren Jan Cejka und Wolfgang Etz im Fachbereich Architektur der Fachhochschule Münster. Angenommen wurde, dass die barocken Paläste reale Bauten darstellten, die durch Kriegseinwirkung zerstört wurden. Die Aufgabe bestand darin, die alten Restelemente zu ergänzen und neu zu interpretieren, ohne einen geschichtsgetreuen Wiederaufbau in Betracht zu ziehen. Die Nutzungsabsichten sollten möglichst frei behandelt werden. So war es auch den jungen GestalterInnen überlassen, ob es sich um geschlossene oder freie Räume handeln sollte.

his mental outlook and desire for recognition.

Johann David Steingruber failed to find a client for his architectural alphabet after its publication in 1773. Not because the architecture would have been too gargantuan or technically difficult, but more because its use was not immediately obvious. Living in a letter which can scarcely be recognised as such is insufficient reason to build, and it would be another ten years before the Brothers Montgolfier revolutionised the angle from which the world is seen. Architecture that never gets built is not necessarily. The architect's metier consists of freely conceived mental edifices, not regulations about the edifices' corners. Even architects are dreamers, visionaries, idealists, artists; the greater part of their designs depend on brain-work, not construction work, because for them designing is already building in real terms.

The fact that building is more than simply constructing outer shells is elegantly shown by Steingruber's designs. Beside the formal, aesthetic elevations, the way the fictional content has been laid out on the ground plan creates far more than a simple architectural pattern book. For with palatial architecture the question always arises as to what purpose is served by all of the entrance halls and attics, suites and chambers, state rooms and studies; who lodged, cooked and stoked where; how did the staff provide for themselves; and who attended where to nature's calls. The ground plans give the «architectural connoisseur and lover of the curious» fascinating insights into life between the royal family and the servants; a world that is otherwise glossed over like a mask by the prospects and façades.

Geometria   Architectura   Pictura   Sculptura

Christian Friederich Carl Alexander. Friederica Carolina.

ARCHITECTO-
NISCHES
ALPHABETH
bestehend

In Dreyßig Grund u. Auff-Rißen

dann

Zwanzig Kayserlich Koenigliche
Chur und Hoher Fürsten Nahmen
in Grund und Auff-Rißen

nebst

einer Erklaerung über jeden Riß
einer Vorrede und Dedication

Diese

noch niemahlen zum Vorschein
gekomene Bau-Riße
sind in vielen Jahren zusamen
gezeichnet und auf eigene Kosten
herausgegeben

von

Iohann David
Steingruber.
Vieljaehrig Hochfürstlich Onolz-
bachischen Bau-Inspectore.

D.A. Hauer fecit

Architectonisches
ALPHABET
bestehend
aus dreyßig Rissen

woven

Jeder Buchstab nach seiner kenntlichen Anlage auf eine ansehnliche und geräumige Fürstliche Wohnung, dann auf alle Religionen, Schloß-Capellen und ein Buchstab gänzlich zu einen Closter, übrigens aber der mehreste Theil nach teutscher Landes-Art mit Einheiz-Städte auf Oefen und nur theils mit Camins eingerichtet,

wobey auch

Nach den mehrest irregulairen Grund-Anlagen vielerley Arten der Haupt- und Neben-Stiegen vorgefallen, dergleichen sonsten in Architectonischen Rissen nicht gefunden werden,

zu welchen auch

Die Façaden mit merklich abwechslender Architectur aufgezogen sind.

Ueber diß

Sind noch zwanzig Plans auf Kayserlich, Königlich, Chur- und anderer Hoher Fürsten Namen, Risse auf gleiche Art mit aller Geflissenheit und distincter Architectur dergestallen auf einen Bogen aufgezogen, daß solche eingeschlagen mit denen vorstehenden in einen Format gebunden werden können.

Hierüber auch so wohl als über erstere

auf jeden Riß zu dessen Eintheilung eine Erklärung

mit einer besondern Vorrede, Titulblat und Dedication beygefüget worden.

Diese bereits in vielen Jahren zusammen gezeichnete und noch niemalen zum Vorschein gekommene Risse, werden auf eigne Kosten in drey Transport denen Architectonischen Kennern und curieusen Liebhabern zur geneigten Einsicht und Aufnahme vorgelegt

von

Johann David Steingruber

vieljährig Hochfürstl. Brandenburg-Anspachischem Bau-Inspector.

Schwabach,
Gedruckt bey Johann Gottlieb Mizler, Hochfürstl. privil. Buchdrucker.
1773.

Dem
Durchlauchtigsten Fürsten und Herrn,

Herrn

Christian Friederich
Carl Alexander,

Marggrafen zu Brandenburg, Herzogen in Preußen, zu Schlesien, Magdeburg, Cleve, Jülich, Bergen, Stettin, Pommern, der Cassuben und Wenden, zu Mecklenburg und Crossen Herzog; Burggrafen zu Nürnberg ober und unterhalb Gebürgs; Fürsten zu Halberstadt, Minden, Camin, Wenden, Schwerin, Rateberg und Möers; Grafen zu Oels, Hohenzollern, der Mark Ravensberg und Schwerin, Herrn zu Ravenstein, der Lande Rostock und Stargard; Grafen zu Sayn und Wittgenstein, Herrn zu Limpurg rc. rc. Des löbl. Fränkischen Craysses Crays-Obristen und General-Feldmarschall Ihro Römisch Kayserl. auch Königlich Preußischen Majestät, und General-Lieutenant auch Obristen über drey Cavallerie-Regimenter rc. rc.

Meinem Gnädigsten Fürsten und Herrn,

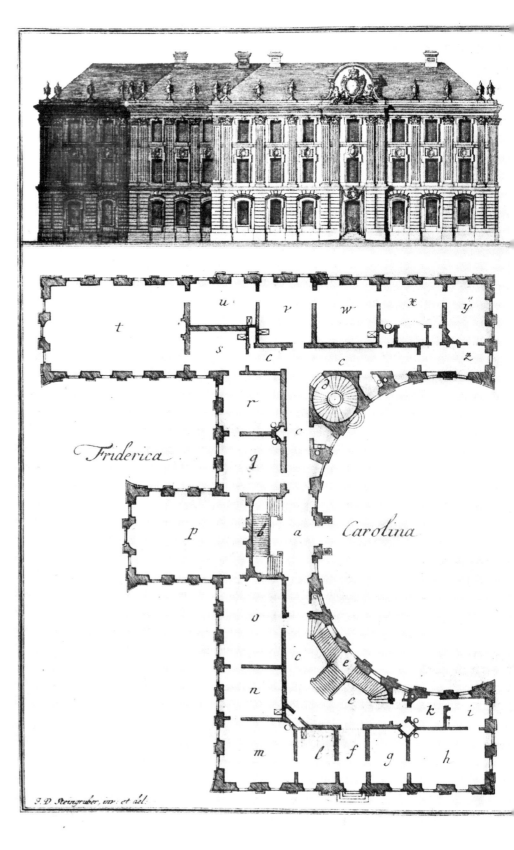

Friderica

Carolina

J. D. Steingruber, inv. et del.

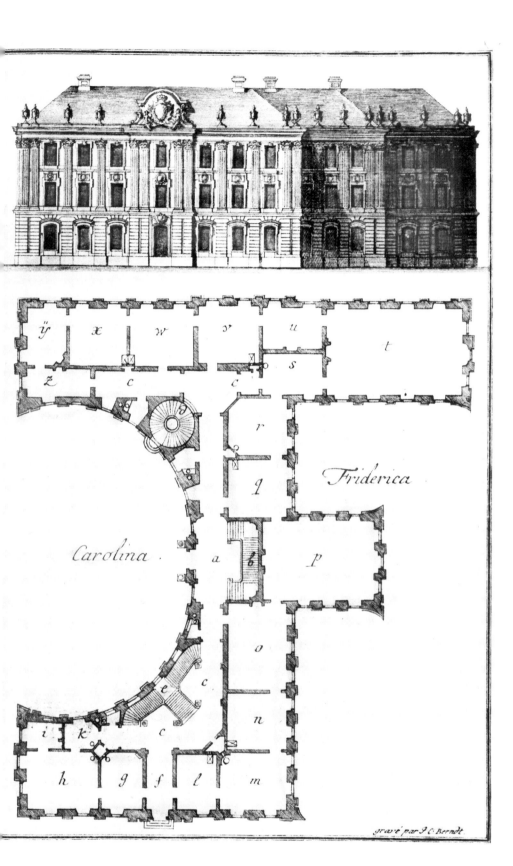

Carolina.

Friderica

gravé par J.C. Berndt.

Wenn Eurer Hochfürstl. Durchlaucht erhabene Eigenschafften nicht bereits der Welt als Muster eines Regenten vor Augen lägen, den seine wahre Größe unsterblich machet, so würde ich, um solche mit einiger Lebhafftigkeit zu schildern, keinen wichtigern Gegenstand dieser unterthänigsten Empfehlungsschrifft wählen können, so ich Ew. Hochfürstl. Durchl. unterthänigst zu Füssen lege. Das Zeitalter, worinnen wir leben, unterscheidet die Vorzüge eines grosen Alexanders, und preiset sie schon der Nachwelt zum ewigen Gedächtniß an. Selbst die geschicktesten Männer, die Lehrer der Wissenschafften bewundern den großen Geist, die aufgeheiterten Einsichten eines so großen Gönners der Musen in das gründliche — in das feine derselben, und der Ruhm eines so huldreichesten Stiffters, um solche in seinen Landen blühend zu machen, ist bereits biß an die äusersten Grenzen gesitteter Völker erschollen. Der Staat, die glücklichen Länder, welche Anspachs und Culmbachs erlauchter Beherrscher regieret, kennen die fürtrefflichen Eigenschafften ihres Fürsten, Seine Klugheit, Seine Gerechtigkeit, Seine mehr als Fürstliche Gnade, und preißen, stolz auf diese Vorzüge, ihr seltenes Glücke gegen ihre Nachbarn. Der Dürfftige fühlet die Mildthätigkeit seines von Empfindung gerührten Landesvatters, der Bedrängte Seine Hülffe — Seinen Schutz, der Hohe wie der niedrige Seine Leutseligkeit, und preiset das edelste Herze des Fürsten, und diesen Ruhm nicht verkennen, sind neidisch auf das Glück eines Landes, so unser großer Alexander beherrschet. Diese erhabene Vorzüge, die ich bloß zu nennen mich unterfangen habe, würde meine Gedanken auf eine durchdringende Art beleben, wenn nicht meine schwache Feder gegen den ausgebreiteten Ruhm eines so großen Regenten wie ein Schatten gegen die Sonne wäre.

Ew. Hochfürstl. Durchlaucht erlauben demnach in höchsten Gnaden, aus hegend ungeschminkter Demuth des Herzens ein Werk unterthänigst überreichen zu dürffen, welches ich nach 40. Jähriger Erfahrung bey müssigen Stunden ausgearbeitet, und nun in dem 72sten meines Alters unter göttlichem Beystand vollendet habe. Ich lege solches Eurer Hochfürstl.

a 2   Durch-

Durchlaucht zu Füssen, um so wohl ein Denkmal der unterthänigsten Dankbarkeit aufzurichten, so ich für HöchstIhro mir Lebenslang erzeigte Fürstliche Gnade auf das feyerlichste zu entrichten mich verpflichtet halte; als auch diese geringe Arbeit, die einzig und allein den Endzweck hat, Kennern und Liebhabern der Baukunst zu neuen Erfindungen Gelegenheit zu machen, dem höchsten Schutz und Gnade Ew. Hochfürstl. Durchlaucht allerunterthänigst empfehlen zu dürffen.

Ew. Hochfürstl. Durchlaucht durchdringende Liebe gegen die Wissenschafften lassen mich so wenig an gnädigster Aufnahm dieser unterthänigsten Bitte zweiffeln, als diese mir erzeigende höchste Huld und Gnade jemals in dem Herzen eines treu devotesten Dieners verlöschen wird.

Der höchste Beherrscher des ganzen Erdcraißes beschütze noch fernerhin Ew. Hochfürstl. Durchlaucht samt dem ganzen Hohen Fürstenhauße, und setze Sie zum Ziel aller ersinnlichen Glückseligkeiten! Er verlängere Dero Lebensjahre zum allgemeinen Besten des Landes, und cröne Ihro Erlauchtesten Personen mit stetswährender Zufriedenheit! Nie müsse ein wiedriger Zufall das blühende Wohl eines Fürstenhaußes unterbrechen, dem die Wünsche des Landes biß auf die Unmündigen ewige Fortdauer erflehen, und der gesegnete Flor unsers großen Alexanders müsse so groß — so unverwelklich seyn, als groß die Verehrung ist, mit welcher in tiefster Unterthänigkeit erstirbet,

Durchl. Marggraf ꝛc.
Ew. Hochfürstl. Durchlaucht

unterthänigst treu gehorsamster
Johann David Steingruber.

9

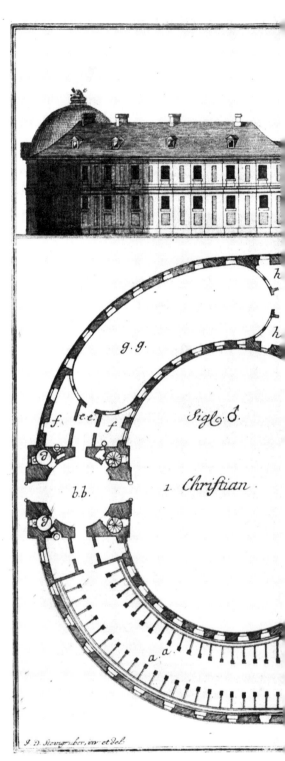

J. D. Steingruber, inv. et del.

Vorbericht
zu den
Architectonischen Alphabet.
Grund- und Aufrissen.

Denen Herren Liebhabern und besonders Kennern von der Bau-Kunst, lege von meinen schon seit vielen Jahren in 30. Blatten zusammen gezeichneten architectonischen irregulair- und regularen Grund- und Auf-Rissen nach dem lateinischen Alphabet, und zwar zum Anfang Tab. II. III. VI. VIII. & IX. hier zur geneigten Einsicht vor; wobey aber wohl am ersten der gar nicht unrechte Vorwurff gemacht werden möge, wie nach dergleichen Plans weder grossen Herren und noch weniger einem Particulier anzurathen seye, hiernach ein Gebäude aufzuführen, gestehet man gar gerne ein, aber wahre Kenner werden mir nach der Billigkeit doch auch so viel Recht angedeyhen lassen, daß dergleichen so vielerley abwechslende Plans und Aufrisse nach der modernen Art, und zwar auf Teutsch mit denen gewöhnlichen Einheiz-Stätten auf Oesen, und so auch auf Italienisch und Französisch Manier mit Camins angelegt, noch niemahlen zum Vorschein kommen sind, nach welchen nicht nur die besondern Gedanken und Anleitung, hauptsächlich nach meinen Davorhalten in Ansehung a) der Anlegung eines Plans, b) der Eintheilung bey einem neuen, und c) besonders bey Reparation und Einrichtung alter Gebäude, allerhand abwechslende Gelegenheit an Handen geben, nicht zu gedenken, was der Herr Abt Laugier in seinen Anmerkungen über die Bau-Kunst in der Vorrede angemerkt: „Es ist noch lange nicht alles über die „Bau-Kunst gesagt, was gesagt werden kan." Weiters gedenket derselbe bey der 4ten Abtheilung: Die Erfindung eines Plans von einem Gebäude, ist unstreitig eines der vornehmsten „Stücke für einen Baumeister, weil er dabey seinen schöpferischen Geist durch immer neue „Einrichtung zeigen kan, und bey dem 2ten Capitel bemerkter Abtheilung füget er ferner an: „Man wechselt nicht genug mit der Form der Gebäude ab, obgleich in andern Fällen die Men-„schen so veränderlich sind; wollen wir denn nicht einmal aufhören knechtische Nachfolger unse-„rer Vorgänger zu seyn? Nichts beweiset bey unsern Architecten den Mangel an Genie und „die unfruchtbare Erfindungs Kraft mehr, als das ewige Einerley." Ferner glaube ich, da so vielen Patronen und Heiligen ansehnliche Kirchen und Clöster geweyhet werden sind, es sollte kein unrechter Gedanken seyn, wann dergleichen Gebäude auch nach dero Nahmens Buchstaben

X

ben angelegt würden, weshalben bereits in 3. Buchstaben Risse Schloß und Hauß Capelle angeleget, und 2. dergleichen ganz auf Clöster eingerichtet, oder auch da Risse von Gärten in Handen, so auch selbsten gesehen habe, wie in die Parkerre Hochfürstl. und andere Nahmen eingepflanzet worden sind. Sollte es dann also ungereimt und unmöglich seyn, daß bey Anlegung eines grossen Herrn Gebäude, des hohen Stiffters Nahme in den Plan gebracht und angelegt werden könnte.

Ueber diese Gedanken, zu oben bemerkten Buchstaben Rissen, will so Kenner als Liebhaber urtheilen lassen und anheim stellen, ob obige Gedanken, nach den erstern und folgenden Buchstaben Rissen, bey vorfallenden Gelegenheiten, wo nicht alle doch hin und andere Gedanken nützlich angewendet und anzubringen wären? Wird nun diese Ausgabe geneigtest aufgenommen; so werde zur 2ten Ausgabe wieder von 5. Buchstaben Rissen, a 10. kr. zu mehrerer Beleuchtung dergleichen Plans auf Schlössern noch 2. besondere Nahmens Risse von Ihro des Herrn Marggrafen und Frau Marggräfin zu Brandenburg Onolzbach und Bayreuth Hochfürstl. Durchlt. Durchlt. jeden a 20 kr. rhnl. nebst einer kurzen Erklärung beylegen, oder aber nach Verlangen einiger Herren Liebhaber bis auf die künftige Herbstmesse statt 5. noch 10. Buchstaben, und mit den allerhöchst Kayserl. und Königl. Nahmens Riß gewiß vor Architectonische Kenner und Liebhaber a 30 kr. wegen deren Größe doch dergestalten, daß solche eingeschlagen, zu den Buchstaben Rissen eingebunden werden können, nach einer dazu erforderlichen Erklärung aufwarten, wornach auf gleiche Art weiters mit bereits gefertigten Königl. Chur- und andern Hochfürstl. Nahmens Rissen continuiret, beym letzten Transport aber das Tittelblat und Vorrede beygeleget werden solle.

Hierbey aber wünschen wollte, wann diese noch niemahl ans Licht getrettene Desseins, Liebhabere finden würden, daß solche entweder an mich, andere nach Anspach, oder an Herrn Buchhändler Stettin in Ulm, oder auch zu Herrn Hauffe in Nürnberg, und in Schwabach an Hrn. Mizler, gefällige Inscription franco übersenden mögten, um hiernach die kostbaren Stiche, Druck und Auslagen einrichten zu können, an deren richtigen Ausfertigung aber solle kein Verzug und Dauer genommen werden, als bereits alle vorbemerkte Plans und Risse schon fertig und vorhanden sind. Anspach den 21ten April 1773.

Johann David Steingruber,
Hochfürstl. Brandenburg Anspach. Bau-Inspector.

Erklärung des Plan und Aufrisses
über die
Nahmens-Buchstaben
Ihro Hochfürstl. Durchlaucht der regierenden Frau Marggräfin zu Brandenburg-Onolzbach und Bayreuth rc. rc.
Frauen Friederica Carolina.

Bey diesen ist ebenfalls zum voraus zu sehen, wie weder zu vermuthen oder anzurathen nach dergleichen Plan und besondern zwey so kostbare Gebäude zur Simetrie anzulegen, obschon in denen ältesten Zeiten auf eine simple aufgethürmte Pyramide in denen nachfolgenden aber auf ein Amphitheatrum so große Kosten verwendet worden, welche dergleichen Gebäude zu unsern Zeiten aufzuführen weit übersteigen haben würden, wovon beede C. ein gleichendes Amphitheatrum vorstellen, nach denen Eintheilungen aber ein großer Fürsten Hof hinlängliche Logis bekommen würde.

Da in der Mitte derer Buchstaben C
a. der Eingang und Vorplaz und in diesen
b. die Haupt-Stiegen rechts und links
c. die Gänge hinter denen Zimmern, an beeden Rundungen oben ist
d. eine mit Ruhe-Plätzen angelegte Schnecken-Stiege, unterhalb aber zur Veränderung
e. eine andere Stiegen mit 2. An- und einem Austritt, worunter aus dem Hof noch besondere Eingänge anzulegen, an der vordern Fronte ist
f. wiederum ein Haupt-Eingang, an welchen rechts
g. h. i. k. und links
l. m. n. o. die Zimmer, woran
p. der geräumige Speis-Saal, neben welchen
q. r. s. andere Zimmer, woraus letzeres in
t. den Saal führet, an welchem wiederum
u. v. w. x. y. z. sechs Zimmer und in die runden Ecken die Austritt angeleget werden.
Hingegen wären die Keller, Kuchen, Conditorey und Back-Cammern nebst andern Gelaß ebenfalls in das Souterrain anzulegen.

Die Façade von drey Etagen sind im untern Stock in vertiefte Bögen die Fenster eingesetzet, in denen zwey obern aber nach teutsche Ordnung mit canulirten Pilastern angebracht, über das Haupt-Gesims ein Socle wohinter die Wasser-Rinnen des ordinaiten Daches und mit Vasen besetzt worden.

Erklärung des Plan und Aufrisses,
über die
Nahmens-Buchstaben
Ihro Hochfürstl. Durchlaucht des regierenden Herrn Marggrafen zu Brandenburg-Onolzbach und Bayreuth rc. rc.
Herrn Christian Friederich Carl Alexander.

Ob zwar dem ersten Anschein nach, und den zu denen ersten Buchstaben-Rissen beygelegten Vorbericht allerdings vor eine ohnnütze und vergebliche Arbeit gehalten werden möge, sowohl über die figürliche Buchstaben und noch weniger über ganze Nahmen besondere Bau-Risse der vernünftigen Welt vor Augen zu legen, nach welcher Art gewiß kein Mensch bauen wird; Da aber doch nicht in Abrede genommen werden kan, daß die Bienen auch aus so viel- und mancherley Blumen den herrlich und nutzbaren Honig aufziehen, sollte dann wohl aus so vielen abwechslenden Plans und deren vielfältig veränderten Eintheilungen bey Vorfallenheiten und besonders von Anfängern nicht auch ein und anderer Gedanken genommen und angebracht werden können, als auch nach diesen Plan gar nicht unmöglich wäre, ein herrliches Gebäude anzulegen, und um so beede nach dem Abt Laugier in seinen Bau-Anmerkungen sich vernehmen lassen: „Man wechselt mit der Form der Gebäude nicht genugsam „ab, und bleibt bey dem Ewigen einerley." In welcher Rücksicht will gegenwärtigen Plan von dreyerley Gebäuden dergestalten erklären: Wie das mittlere Gebäu aus dem Buchstaben auf einen viereckigten Plan die beeden F. und in der Mitte das A. angeleget worden, welche das Corps de Logis und die zwey C. die Flügel-Gebäude vorstellen sollen; Deren Eintheilung folgender maßen zu bemerken; wie in der Mitte vom A. sub Sign. ☉ der Vorhof in
a. die Entrée an welcher rechts und links
b. zwey irregulaire Vestibüls, an diesen
c. der Vorplaz vor
d. denen Stiegen neben diesen
e. die Haupt-Gäng in
f. g. h. i. k. die Zimmer, dann oberhalb
l. m. n. zwischen welchen beederseits
o. das ordinaire Speißzimmer befindlich, an bemelden Gängen e. ist oben am Schluß des Buchstabens
p. wiederum ein oval-förmiges Vestibüle, unterhalb diesen und der Entrée ist Sign.) der kleine irregulaire Hof dann aus dem Vorplaz p. der Eingang in
q. den Oval Saal, woran
r. s. t. u. rechts und links entweder Gast- oder Visiten-Zimmer und am Ende des Flügels in
v. ein kleiner Music-Saal angelegt worden. Wobey noch anzumerken, wie unten bey dem Vorhof rechts und links

w. zwey

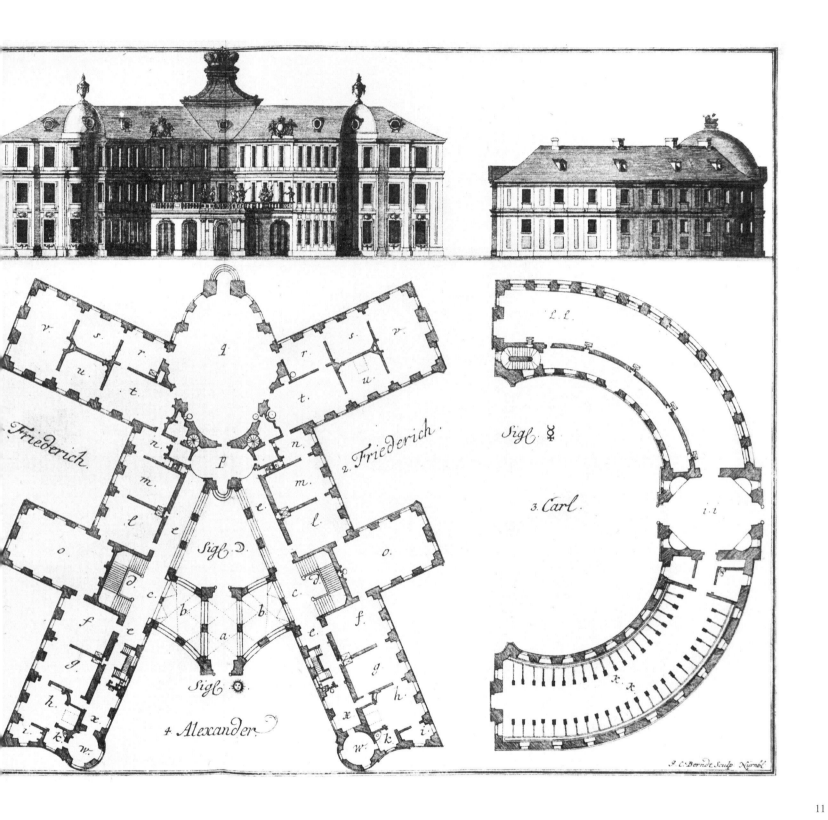

Friederich.

2. Friederich.

Sigl. ☿

3. Carl.

Sigl. ☽.

Sigl. ☉.

4 Alexander.

J. C. Berndt. Sculp. Nürnb.

11

A

Selon cette lettre, nous devons franchement admettre que nous nous sommes conformé au modèle trop servilement, et appliqué à nos bâtiments des angles trop aigus. En raison des deux longues ailes qui en résultent, les angles intérieurs se montrent excessivement fermés, de telle sorte que (a) le grand hall, en retrait par rapport à la construction présente par conséquent des angles plus aigus encore que ceux du hall mentionné ci-dessus, (b) l'entrée bénéficie d'un éclairage direct qui donne une visibilité suffisante; dans l'angle supérieur, cependant, on trouve (c) un antichambre sur les côtés duquel sont placés, (d) deux réduits. Puis, sous le hall principal, sur les deux côtés, (e) deux antichambres de forme irrégulières équipés de poêles cylindriques, et attenant à chacun d'entre eux (f) une chambre à coucher avec alcôve, derrière laquelle (g) un système de chauffage dessert le hall, les antichambres et les chambres; (h, i) deux salons avec des poêles, desservis par le corridor principal (k). Au point où les éléments transversaux du A rencontrent les deux ailes se trouve un accès (l) qui débouche sur deux couloirs voûtés latéraux (m), surmontés chacun d'une galerie à balustrades. À droite et à gauche se trouvent (n) les escaliers principaux. Derrière ceux-ci, (o) deux petites pièces, la première avec une cheminée tandis que les deux autres (p) sont attenantes à deux grandes salles (q) équipées chacune d'un poêle. Devant celles-ci, dans chaque aile, un autre appartement (r), un grand antichambre (s) et (t) une garde-robe (ou dressing room) qui peut être chauffée par une bouche de chaleur reliée au système de chauffage général. Dans le couloir (u) on découvre un petit escalier et une chambre secrète.

Les dépendances que doit posséder un bâtiment de cette taille, cuisine, cave et autres, sont exclues de l'étage principal et placées à l'étage inférieur. La façade est massive, avec des murs de refend (murs porteurs intérieurs), et un toit allemand (enduit de bitume).

A.

Bey diesen Buchstaben gestehet man gar gerne, daß man sich beym erstern Anfang allzusehr an dessen *Figur* gebunden und oben zu spitzig angeleget hat, dahero nach *Proportion* der zwey langen Flügel Gebäude sich innwendig der spitzige Winkel sehr tief eingeschnitten, daß deswegen

a. der große Saal weiters hinein gerucket werden müssen, um in den untern Winkel vor ermelden Saal
b. den Eingang und in demselben ein gerades Licht zu bekommen, wornach an der obern Spitze
c. ein *Cabinet*, und zu beeden Seiten oben
d. die Schenk, dann unterhalb des Saals auf beeden Seiten
e. zwey ungleiche *Cabinets* mit runden Oefen angeleget, und darneben
f. das Schlafzimmer mit einer *Alcove*, darhinter aber
g. der Einheiz-Gang, aus welchen der Saal mit dem *Cabinet* und Schlafzimmer beheizet werden, sonach zu
h. i. zweyen Wohnzimmern, mittelst 2 Oefen aus
k. dem Haupt-Gang, die Einheiz-Stätte angebracht worden; Zu Schliesung des Buchstabens ist
l. eine Durchfarth und beederseits
m. ein gewölbter Gang ein Stock hoch angeleget und oben eine *Altane* mit einen Geländer vorgezogen; recht und linker Hand
n. ist die Haupt-Stiegen, hinter welcher
o. zwey kleine Zimmer befindlich, wovon ersteres mit einen *Camin*, das andere
p. aber nebst
q. eine große Stuben mit Oefen geheitzet werden. Unterhalb ist
r. eine andere Stube
s. ein groß *Cabinet*, und
t. eine Kleider-Cammer, welche aus einem Einheiz-Gang mit Oefen geheitzet werden können. In dem Gang ist
u. eine kleine Stiegen und ein heimlich Gemach angebracht worden.

Weilen zu einen dergleichen grosen Gebäude allerdings Kuchen, Keller und andere Bedürfniß erforderlich, so sind solche in das Boden Geschoß anzulegen, und in diesem ersten Stockwerk ausgelassen worden.

Die *Façade* ist *massif* mit *Refends* und vertieften Füllungen, und mit einen teutschen Dach bedeckt.

A

Considering this letter, we freely admit that from the very outset we have followed the shape too slavishly and topped our buildings with too sharp an angle, and, because of the two long arms resulting therefrom, interior angles proved to be excessively acute, so that (a) the great hall had to be set back further within the building, and accordingly in the lower angles beyond the aforementioned hall must be (b) the entrance and therein direct lighting to give sufficient visibility; however, in the upper angle there would be (c) a small cabinet, and on each side of it (d) the buffets. Then, below the main hall, on both sides ofit, (e) two oddlyshaped cabinets with cylindrical stoves, and adjoining each of these (f) a bedchamber with alcove, behind which (g) a heating arrangement which warms hall, cabinets, and bedchambers; (h, i) two livingrooms with stoves, fed from (k) the main corridor. At the point where the cross-stroke of the A joins the two wings is (l) a passage-way, and on each side, (m) a vaulted way, one storey high, surmounted by balustraded galleries. To right and left run (n) the main stairways. Behind these, (o) two small rooms, the first with an open fireplace whereas the other two are (p) adjoining (q) large rooms with stoves in each. Below is (r) another apartment [in each wing] and (s) a spacious cabinet and (t) a wardrobe [or dressing-room] which could be heated by a stove connected to heating arrangements elsewhere. In the corridor are (u) a small stairway and a secret chamber.

And since a building of this size must have its kitchen, cellar, and other essential offices, these are placed in the lower level and excluded from the first-floor plan.

The façade is massive, with refends [masonry raised and recessed], and there is a German [pitched] roof.

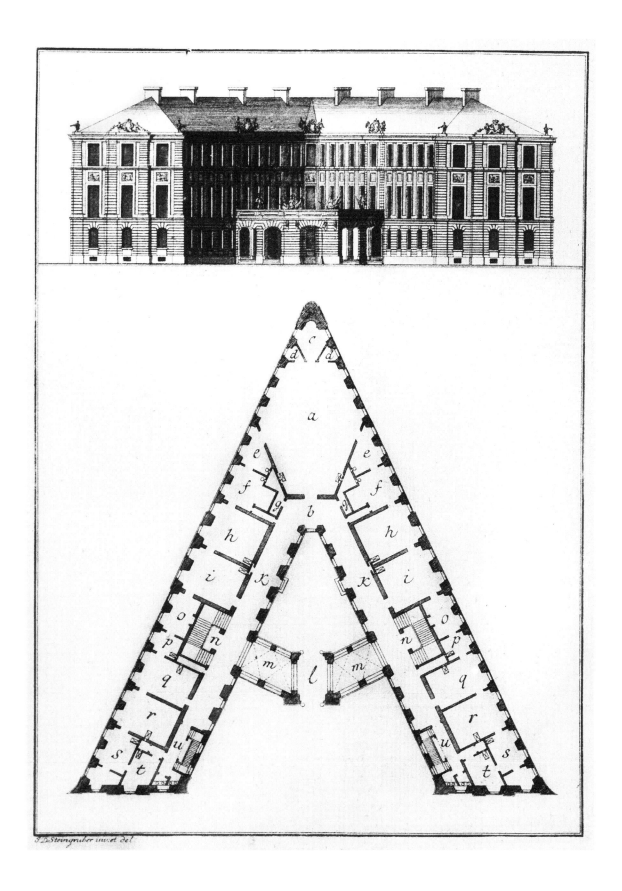

J.D.Steingruber inv. et del.

13

Second A

Comme pour la première lettre A qui vient d'être décrite, c'est la même forme de lettre qui a été retenue, mais elle a été redessinée en raison des angles trop aigus qui figurent dans le premier projet, en espérant que cette nouvelle approche sera plus acceptable.

Le grand hall (a) se trouve à l'extrémité de l'édifice, avec une entrée précédée d'un perron formé de marches semi-circulaires, ainsi que, des deux côtés opposés du hall, deux niches pour accueillir des statues (b); à partir du hall, le couloir (c) dessert les deux ailes. Attenant au hall décrit ci-dessus, on trouve deux pièces de formes irrégulières (boudoirs) et de taille respectable (d) et derrières celles-ci, une garderobe (e) chauffée, comme le sont le hall et les boudoirs par le système de chauffage (d). Les deux chambres contiguës (f [et g]) sont raccordées au même système de chauffage par l'intermédiaire de deux bouches de chaleur en fonte. Pour conserver la forme de la lettre, un passage central (g) [h] s'ouvre sur deux galeries à arcades (h) [i] disposées de chaque côté, hautes d'un étage et reliées au toit par une rambarde de fonte ou une balustrade de pierre. Ces galeries débouchent directement sur les couloirs principaux par deux passages (i) [k]. Au-delà des pièces mentionnées ici comme des réduits (k) [l] se trouvent des cheminées derrière lesquelles se situent de grandes pièces (l) [m], puis les chambres à coucher (m) [n] avec alcôves, chauffées de deux côtés par le système (n) [celui-ci n'a besoin d'aucune lettre] qui passe à proximité. À l'extrémité de chaque aile, se trouve un autre réduit (o) et une vaste garderobe (p). Dans le couloir, un escalier secret (q) et des toilettes.

Au-dessus de l'entrée et des deux couloirs d'accès se trouve une terrasse reposant sur des arcades et reliant les deux ailes. La façade est simple. Les cuisines, les celliers et les autres pièces de services nécessaires à ce type de bâtiment sont distribuées comme dans le premier A, complétant un édifice d'une telle ampleur, avec un sous-sol similaire à l'étage principal.

Zweytes *A.*

Weilen ersteres bereits gestochen gewesen, ist solches zum Anfang beybehalten- hingegen dieses um der- bey dem vorigen bemerkten allzuspitzigen Anlage willen, nochmals aufgezeichnet worden, nicht zweiflend, da dieses einiger masen verbessert, mehrere Approbation finden wird. Der große Saal *a.* ist ganz oben mit einen Eingang und halbrunden Zirkel wie auch unten angeleget, an denen gebrochenen Ecken zu beeden Seiten sind *Nichen b.* zu Statuen und die Communications-Gäng *c.* zu beeden Seiten angebracht. An ersagten Saal liegen 2. große ungleiche Cabinets, *d.* darhinter eine Garderoble *e.* und der Einheiz-Camin *d.* zu dem Saal und denen Cabinets. Die 2. daran liegende Zimmer *f.* werden ans dem Gang mit 2. Canon-Oefen geheizet. Zur Vorstellung des Buchstabens ist mitten wiederum eine Durchfarth *g.* und zu beeden Seiten *h.* gewölbte Vorplätze einen Stock hoch, welche oben entweder mit einen eisenen oder steinenen Geländer einzufangen. Von erwehnten Vorpläzen fallet die Haupt-Stiegen *i.* durch den Gang sogleich in das Gesicht, darhinter an obbemelden Zimmern ein Cabinet *k.* mit einen Camin und neben diesen ein anderes großes Zimmer *l.* und daran eine Schlafkammer *m.* mit einer Alcove, welche beederseits aus dem darzwischen gelegenen Gang *n.* geheizet werden. Unten an beeden Ecken ist noch ein Cabinet *o.* und geräumige Garderoble, *p.* in den Gang aber eine heimliche Stiege *q.* und der Abtritt.

Ueber der Durchfarth und beeden Gewölbern ist die Altane, welche zur Communication eines Flügel-Baues mit dem andern dienet. Die *Façade* ist simple und von der erstern wenig unterschieden. Kuchen, Keller und anders zu einen dergleichen grosen Gebäude sind ebenfalls in das Boden-Geschoß einzurichten.

Second A

As the former A had already been engraved, it has been retained as a startingpoint, but it has also been redesigned because of the aforementioned over-acute angle, in the hope that this new arrangement will find more ready acceptance.

The great hall (a) is right at the top, with an entrance, and semi-circular flight of steps, and also at the far end and in the broken corners on each side are niches for statues (b); and the connecting passage (c) leads away from the hall through both wings. Adjoining the aforementioned hall area are two irregularly-shaped rooms (cabinets) of fair size (d), and beyond these a garderobe (e) warmed, as are the hall and cabinets, by the heating arrangement (d). The two adjoining chambers (f [and g]) take heat from the same system by the agency of two iron stoves. Preserving the letter-form there is a central passageway (g) [this should be h] and on each side of it arcaded hallways (h) [this should be i] one storey high and linked at the top with railings made of iron or a stone balustrade. From the hallways just described run the two main flights (i) [this should be k] through the corridor immediately in view. Behind the rooms just mentioned are cabinets (k) [this should be l], with fireplaces, and beyond these again other large rooms (l) [this should be m], then bedchambers (m) [this should be n] with alcove, heated on both sides from the system (n) [this needs no letter] passing between. At the end of each wing is another cabinet (o) and roomy garderobe (p). In the corridor a secret stairway (q) and a closet (lavatory).

Above the passage [through the crossbar of the A] and the two vaulted hallways is the arcaded terrace connecting the wings. The façade is simple. Kitchens and cellars and other service rooms for such an establishment are much as described for the first A, completing a building of like magnitude, with a lower floor similarly contrived.

Tab. II

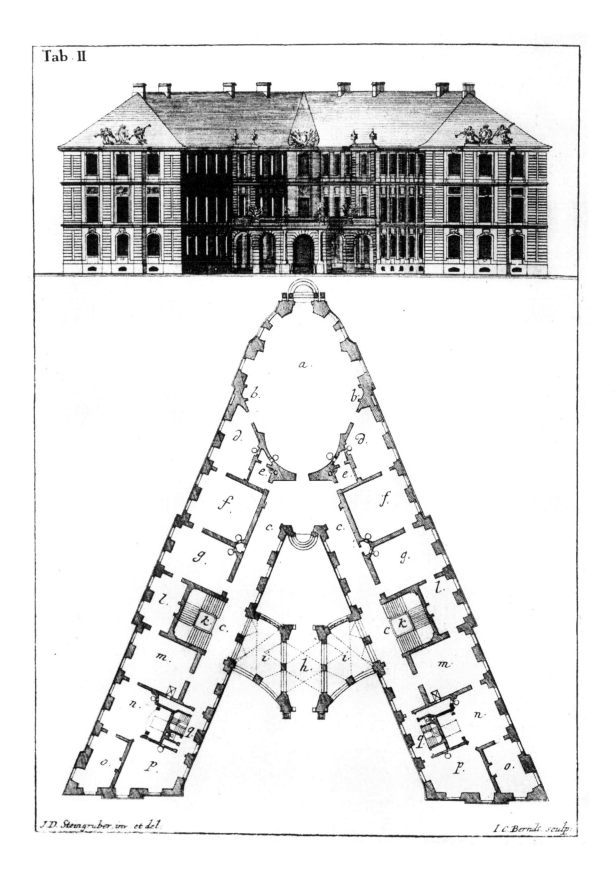

J.D. Steingruber inv. et del.

I.C. Berndt sculp.

B

Les deux arcs de ce plan enferment deux cours semi-circulaires (a, b) qui s'ouvrent par trois portails (c, d, e), l'entrée principale se trouvant à la hauteur du portail central (f). Au milieu à gauche, deux escaliers formant des volées (g) permettent l'accès au grand bâtiment rectiligne où se trouvent les appartements du prince (h). À la rencontre des deux arcs est édifiée une chapelle (i) avec trois autels. Le reste est disposé sur trois étages de telle sorte que l'on y trouve suffisamment de pièces pour loger l'importante Maison du prince. La façade présente un premier étage à l'appareil massif orné de cannelure alors que les deux étages supérieurs sont lisses, leurs fenêtres étant à fleur de façade. Un clocheton signale la présence de la chapelle, et, pour des raisons de symétrie, une tourelle identique est surmonte le toit de bitume du bâtiment principal.

B.

Diese Figur umschließt mit dessen 2. Bögen, zwey halbrunde Höfe, *a. b.* durch welche und durch die dreyerley Quer-Gebäude *c. d. e.* der Eingang *f.* durchaus gehet. In dem mittlern linker Hand sind 2. gebrochene Stiegen *g.* angeleget, zwischen welchen der Gang *g.* welcher in den langen Haupt-Bau führet, in welchen die Herrschafftlichen Wohnzimmer *h.* angeleget. Im Schluß der beeden Zirkel ist eine Capelle *i.* mit 3. Altären angebracht. Die übrige Einrichtung ist von einen dergestaltigen Gelaß, daß durch die 3. Stockwerk eine große Fürstliche Hofhaltung Plaz genug hätte. Die *Façade* ist am untern Stock auf einen erhöheten *Socle massiv* mit Spund-Quadern; die 2. obern Stockwerk aber nur mit glatt vorgelegten Fenstern; und weilen in diesen Bau eine Kirche angeleget, ist über diese ein kleines Thürn'gen und zur *Simetrie* eines dergleichen auf dem langen Haupt-Bau auf das ordinaire teutsche Dach gesezet worden.

B

Within its two arcs this figure encloses two semi-circular courts (a, b) through which, as through the three transverse parts (c, d, e), runs the main throughway with entrance at (f). Centrally, to the left, are two stairways that are arranged in two flights (g) with a passage between giving access to the long main building with the prince's apartments (h). Where the two arcs meet is a chapel (i) with three altars. The rest is so arranged that there is room enough throughout the three storeys for accommodating a great princely household. The façade springs from a raised socle with a massive facing of grooved masonry. The two upper storeys, however, are smooth and have windows flush with the façade. Since there is a chapel within this building a small tower is superimposed-and, for the sake of symmetry, another little tower on the long main block above the simple German roof.

Paula Barreiro

Tab. III.

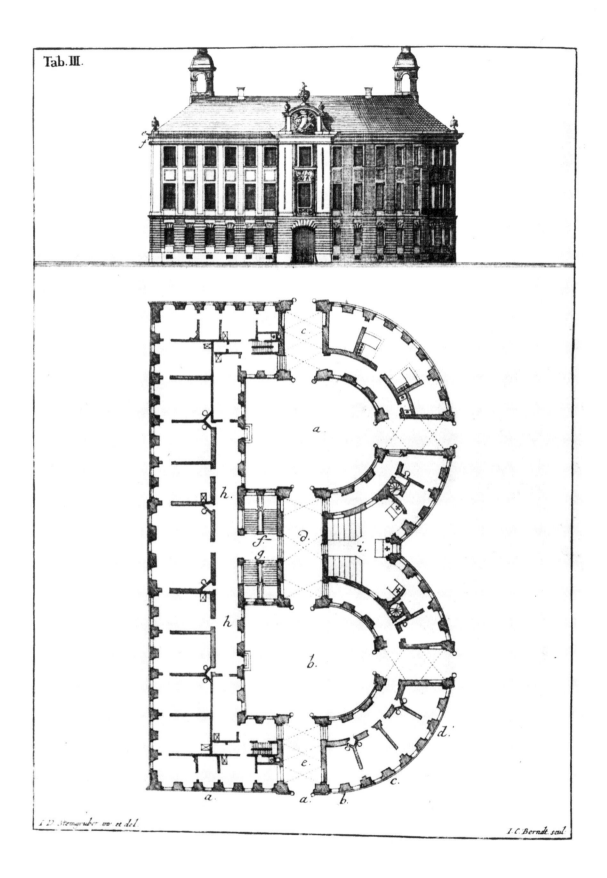

J. D. Steingruber inv. et del.

J. C. Berndt. sculp.

C

On peut construire différents bâtiments selon la forme de la lettre C: orangerie, étable, colonnade s'ouvrant en son centre sur une église ou sur tout autre édifice. Mais élever un palais sur ce plan relève uniquement d'un goût personnel. Cependant, pour des raisons de simple cohérence, c'est ce parti que l'on suit ici. L'entrée principale (a) se situe au centre du C. Elle s'ouvre sur deux escaliers latéraux (d, e) qui mènent à des couloirs (d, e) s'ouvrant sur quatre chambres (f), à droite et à gauche, chauffées par des cheminées et par des poêles doubles. Attenant à la dernière chambre, se trouve un boudoir (g) qui précède une salle de réception (h).

Les garde-robes sont situées au niveau de la mezzanine et les autres pièces de services au rez-de-chaussée.

La façade est régulière, et c'est seulement à l'extérieur de la courbe que les extrémités du bâtiment sont pourvues de pierres d'angle. Les fenêtres ont des encadrements simples ou sont surmontées de niches. Le bâtiment est couvert d'un toit carré en bitume.

C.

Von dieser *Figur* sind vielerley Gebäude als: *Orangerien*, Ställe, *Collonaden*, in der Mitte mit einer Kirche und andere mehr anzutreffen; ob aber ein *Palais* von dieser Art zu führen, käme bloß auf das Belieben an. Dahero auch um der Ordnung willen ein dergleichen aufgezeichnet. In welchen in der Mitte

a. die Durchfarth, und zu beeden Seiten
b. c. die Antritt zur Haupt-Stiegen und die *Entreé*
d. e. in die *Communications* Gäng, aus welchen
f. die 4. rechts und lincks angebrachten Zimmer durch Einheiz-*Camins* und doppelte Oefen geheizet werden. Neben dem letztern Zimmer ist
g. ein *Cabinet* und an beeden Enden der *Figur*
h. ein *Sallet*'gen angebracht.

Die *Garderobbe* aber in die *Mezzaninen* und die erforderliche *Offiçen* in das Erden Geschoß anzulegen.

Der *Aufriß* ist wiederum *simple* und nur nach der Rundung der *Figur* die Eck mit *Refends* und die Fenster mit gerader *Chambranle* oder Einfassung mit vertieften Füllungen; der ganze Bau aber mit einen teutschen Winkel Dach bedecket.

C

Various buildings could be based on this letter-orangeries, stables, colonnades, with a church and other kinds of building in the centre. But whether a palace should follow this plan is a matter of personal taste. However, for the sake of seemly order, one such is described. In the centre of the C are (a) the main entrance, and on both sides (b, c) the approach to the main staircase and access to (d, e) communicating passages from which (f) open four rooms, to right and to left, heated by fireplaces and double stoves. Adjoining the farther room in each case is (g) a cabinet, and at both extremities of the C are (h) a small hall.

Garderobes are on the mezzanine floor and other necessary rooms on the ground floor.

The elevation is again of simple character, and it is only beyond the curve that the end of the building is provided with an arrangement of quoins; the windows have chambranle [standing frames] or frames with recessed surrounds. The building is covered with a German square roof.

Helge Huber

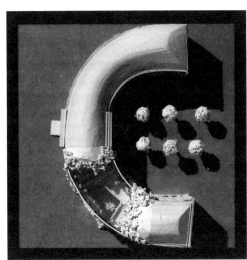

Alexandra Kindl

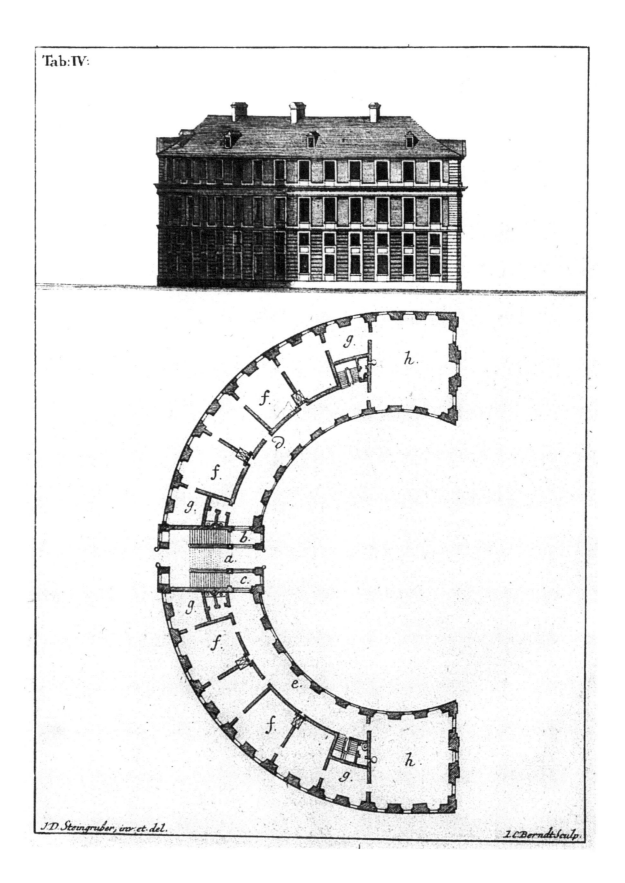

Tab: IV.

J.D. Steingruber, inv. et del.

J. C. Berndt Sculp.

19

D

Bien qu'on puisse affirmer qu'aucun bâtiment ne puisse être construit sur la forme de cette lettre, un tel plan est proposé pour montrer qu'il est parfaitement cohérent. Il présente nécessairement une vaste cour intérieure (a), sur laquelle s'ouvrent les pièces résidentielles, les plus belles, comme les appartements du propriétaire (b, c, d, e), comportant une grande salle-à-manger signalée par ce caractère ∅. Dans l'aile incurvée sont installés la cuisine (f), l'office (g) et, à proximité, les chambres d'hôtes (h, i) et d'autres pièces d'usages variés nécessaires à un tel bâtiment.

Les escaliers (k, l), proches des portes d'entrée, sont facilement repérable [le l ne figure pas sur le plan]. Un large corridor (m, n), tourne autour de la cour et relie les différentes pièces. Le système de chauffage et les autres commodités sont, autant qu'il se peut, dissimulés. À droite et à gauche de l'entrée secondaire (o), se trouvent deux escaliers de service.

La façade est rustique, et le mur de soutien est orné de chapiteaux grecs. Pour changer, nous avons ici un toit à la Mansard.

D.

Ob schon nicht zu vermuthen, daß nach dieses Buchstabens *Figur* ein Bau angeleget werde; so ist doch wegen der Ordnung solche im Grund geleget worden. Nach welchen

a. ein zimlich geraumiger Hof ausgefallen, in den geraden langen Haupt-Bau die besten *Logis*

b. c. d. e. vor Herrschafften

Sing. ∅ ein geraumiges Speiß-Zimmer, in die runden Flügel-Gebäude aber

f. die Kuchen,

g. die *Conditorie* nebst

h. i. denen zu einer Hofhaltung nöthigen *Logis* eingerichtet worden.

k. l. die Stiegen sind bey denen Ein- und Durch-Farthen dergestalten angeleget, daß solche von allen Seiten im Gesicht liegen.

m. n. Der geraumige Gang um den ganzen Hof dienet zur *Comunication* der Zimmere Einheiz-*Camins* und übriger *Comodité* welch letztere so viel möglich an verborgene Plätze angebracht.

o. Bey der hintern Durchfarth sind rechts und links

p. q. zwey *proportionir*liche Stiegen.

Der Aufriß ist *rustique* und die obern *Refends* mit *Atti*schen *Capitals* besezet. Zur Abwechslung ist ein Dach *à la Mansarde* gemacht worden.

D

Although one might indeed surmise that no building could be based on this letter-shape, one such plan is given so as to keep things in good order. Accordingly, (a) there is a reasonably large court, with the best, residential rooms in the long main arm of the building, as their lordships' apartments (b, c, d, e), with ∅ indicating a great dining-room; and in the curved 'wing', (f) kitchen and (g) Conditorei [confectionery kitchen], and near by (h, i) guest chambers and various other rooms necessary to such an establishment. Stairways (k, l) next to the entrance gates, and easily overlooked. [l is not on engraving.] A spacious corridor (m, n) completely encircling the courtyard and linking various rooms. Heating arrangements and other conveniences are, as far as possible, inconspicuous. To right and left of the rear entry (o) are (p, q) two matching flights of stairs.

The elevation is rusticated and the upper refends set off with Greek capitals. For a change, we have here a mansard roof.

Christian Holte

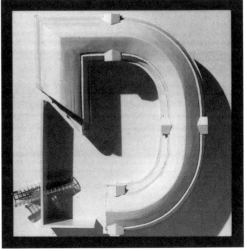

Alexandra Brandt

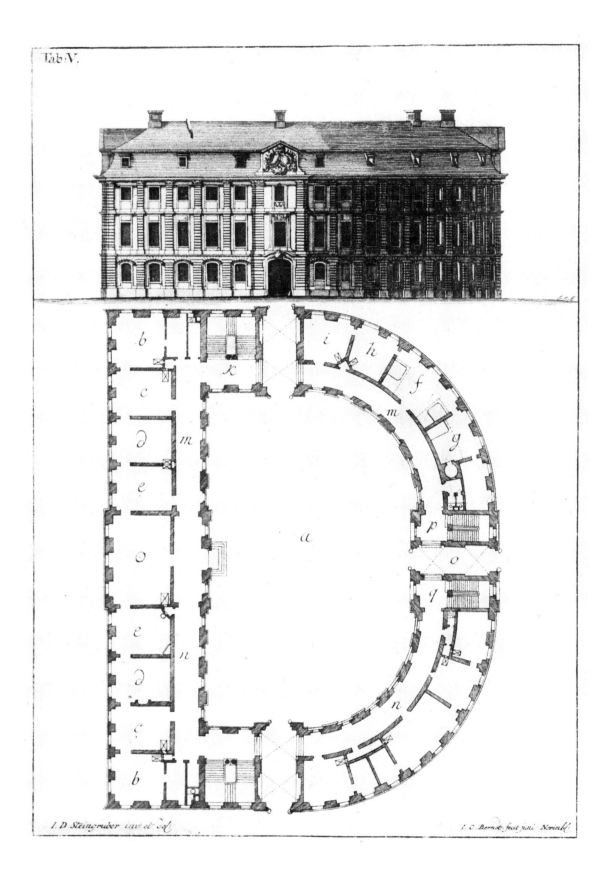

I. D. Steingruber inv et del.

I. C. Berndt fecit juni Norimb.

21

E

La forme de cette lettre est régulièrement utilisée, mais, même si les entrées principales (a) peuvent se situer sur les ailes latérales, les appartements du propriétaire (b, c), et la grande salle-à-manger (d), placée au centre comme il convient, peuvent être inclus dans le long corps de bâtiment rectiligne. La cuisine (e) se trouve dans l'aile supérieure, attenante aux chambres des domestiques (f) tandis que l'aile inférieure est réservée à une salle de réception (g). Dans le diverticule central, qui caractérise la lettre E, est édifiée une chapelle (h). Cependant, on peut la remplacer par un escalier principal, une entrée ou une autre salle de réception.

L'élévation est celle de la cour intérieure, en raison de la chapelle qui est surmontée d'un dôme. La façade est posée sur une assise où reposent des colonnes corinthiennes qui montent jusqu'aux deux étages supérieurs. Des combles d'un style approprié coiffent le bâtiment.

E

Dieser Buchstab hat eine zimlich regulaire Figur, dem ohngeachtet hat der Haupt-Eingang *a.* an denen kurzen Seiten gemacht werden müssen, um die besten *Logis b. c.* vor eine Herrschafft in den langen Haupt-Bau und in der Mitte ein ordinaire Speißzimmer *d.* anzubringen. In dem obern Flügel ist die Kuchen nebst denen Zimmern *f.* vor die Officianten, in dem untern aber ein proportionirliches *Salét'*gen angeleget. In die Mitte aber als dem Zeichen der Figur des Buchstabens eine Kirche *h.* angebracht. Wann aber gefällig könnte entweder dahin eine prächtige Haupt-Stiege oder aber noch ein besonders *Salét'*gen angeleget werden.

Der Aufriß ist wegen der Kirche dem langen Weg nach, gegen dem Hof genommen und der Thurn mit einer Kuppel über die Kirchen aufgezogen; die Haupt-*Façade* auf einen erhöheten *Socle* und durch die 2. *Etagen* corinthische *Pilastres* und oben darauf eine noch proportionirliche *Attique* angebracht worden.

E

This letter is of fairly regular shape, but even so the main entrances (a) must be on the short arms, so that apartments (b, c) for their lordships, and the centrally placed, suitably large dining-hall (d) may be included in the long main range of buildings. In the upper cross-wing is the kitchen (e) adjoining rooms (f) for the staff; while in the lower wing is a small hall (g) in the corresponding area. In the middle, characterizing the letter E, is a church (h). However, this could be replaced by a handsome main staircase and entry or a special Salét'gen.

The elevation is shown from the courtyard side, because of the church, which is covered by a dome. This façade stands on a raised socle, and Corinthian pilasters soar through the two lower floors; and an appropriately styled attic floor rises above them.

Eva Stiegler

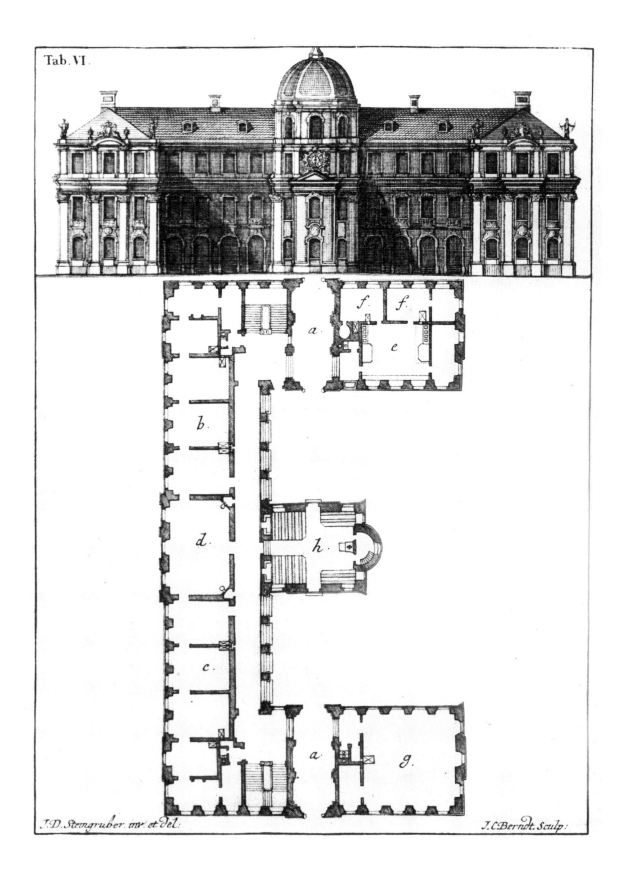

Tab. VI.

J. D. Steingruber inv. et del.

J. C. Berndt. Sculp.

23

F

Dans le bras central de ce plan se trouve la porte cochère (a) qui ouvre sur un escalier principal (b) formé de trois parties, une volée montante et deux descendantes. Au milieu de l'édifice principal est située une vaste salle-à-manger (c) commandant, de chaque côté cinq pièces (d, e, f, g, h) réservées au propriétaire. À la jonction de la grande aile et du bâtiment principal sont situés une antichambre (i) et un grand hall (k).

Les cuisines, les celliers et les pièces de services sont généralement en sous-sol, eu égard à la forte assise de l'ensemble.

La façade est construite avec un double mur de refends monté sur le plan du rez-dechaussée et des colonnes ioniques par paires ornent le second étage et les combles.

F

In das mittlere Zeichen dieser Figur ist

a. in die Durchfarth
b. eine 3fache Haupt-Stiegen mit einen Antritt und zwey Austritten, in der Mitte des Haupt-Baues aber
c. ein groses Speiß-Zimmer und beederseits
d. e. *f. g. h.* die Herrschafftl. *Logis* oben in dem Quer-Flügel
i. ein Vorzimmer und hieran
k. der Saal angebracht worden.

Kuchen, Keller und ander erforderliches Gelaß, kan nach dem erhöheten *Socle* in das *Souterrain* gemacht werden.

Die *Façade* ist im ersten Stock mit doppelten *Refends,* der zweyte mit *cupli*rten *Ioni*schen *Pilastern* und der dritte mit einer *Attique* aufgezogen.

F

In the central arm of this form is, (a) the carriage-entrance, (b) a triple main stairway with one flight for ascent and two for descent. In the middle of the main edifice is (c) a large dining-hall, and on both sides of this (d, e, f, g, h) rooms for the lords' use. At the top, in the cross-wing, is (i) an anteroom, and adjoining it (k) the great hall.

Kitchens, cellars, and service rooms generally may be located in the souterrain, as there is a raised socle.

The façade is built up with double refends on the ground floor, paired Ionic pilasters on the second, and an attic storey at the top.

Britta Joseph

Lorenz Tettenborn

Hilke Thiele

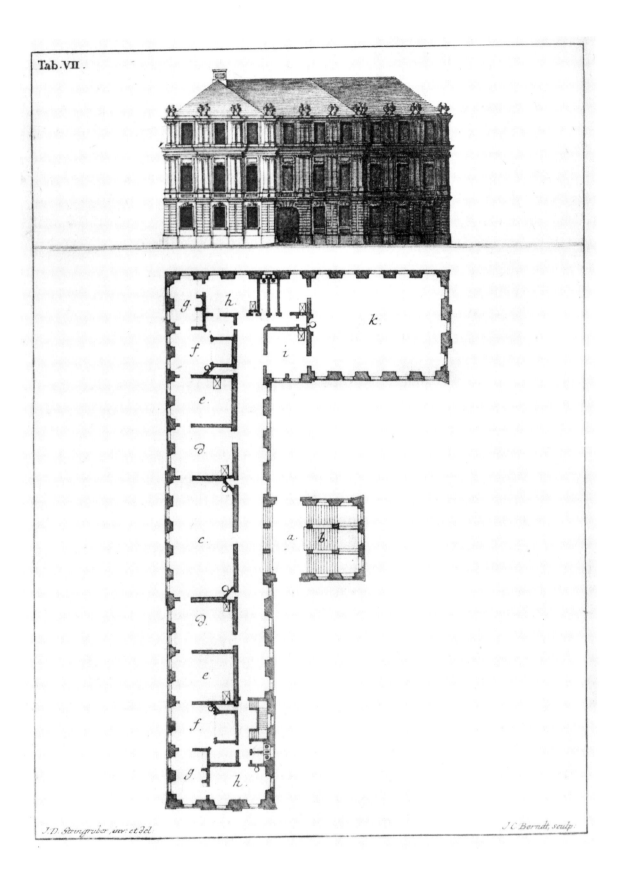

Tab. VII.

J.D. Peringruber inv: et del.

J.C. Berndt, sculp.

G

La forme du G n'est pas facile à adapter à un édifice architectural bien qu'on puisse l'adapter à une résidence pour des personnages de marque et à leurs hôtes excentriques. Proche de l'entrée principale (a) se trouvent deux escaliers grands et commodes (b, c) desservant neuf chambres d'un côté (d) et sept de l'autre (e) à l'extrémité desquelles se trouve le grand hall (f). Toutes les pièces, à l'exception d'un ou deux boudoirs, possèdent des cheminées qui peuvent être alimentées à partir du couloir de telle sorte qu'aucun des occupants de ces lieux ne soit importuné par la présence des domestiques. Les dépendances, comme d'usage, seraient en sous-sol. La façade ne relève pas d'un style architectural particulier si ce n'est que les fenêtres du rez-de-chaussée sont surmontées de plaques rapportées portant des écussons, des bas-reliefs et d'autres ornementations, celles du premier étage par des plaques portant des masques et celles de l'étage supérieur par une guirlande de style attique. De tels éléments donnent toute son originalité à un bâtiment comme celui-ci.

G.

Das *G.* stellet wiederum eine Figur vor, welche nicht so leicht gebauet werden dörffte, obschon möglich, daß eine große Herrschafft füglich logiren und noch Fremde von gleichen Caracter beherbergen könnte. Neben der Durchfarth *a.* recht und linker Hand sind 2. geräumige und commode Stiegen; *b. c.* auf der einen Seiten *d.* 9. und auf der andern e. 7. Zimmer und neben den leztern der Saal *f.* außen auf den Gang können ohne eine Herrschafft zu incommodiren alle Zimmer auser einigen Cabinets, welche Camins haben, geheizet werden. Die *Offiç*en sind ebenfalls in das *Souterrain* anzulegen. Der Aufriß ist zwar ohne eine ordentliche *Architectur,* doch dergestalten aufgezogen, daß zwischen denen *Refends* die Fenster mit geraden Einfassungen, die vertieften *Tableaux* mit Schilder oder *Basrelief,* die mittlern Fenster mit *Masquen* und die obern mit *atti*schen Laubwerk gezieret, welche einen dergleichen Gebäude kein übles Ansehen machen würden.

G

The G again presents a form not easily adaptable to an architectural plan, although there is a possibility of basing thereon a residence for personages of rank and their exalted guests. Close to the main entry (a) are wide and commodious flights of stairs (b, c) with nine rooms on one side (d) and seven on the other (e). Next to the second of these is the great hall (f). All the rooms, if we except one or two cabinets, which have fireplaces, could be heated from the corridor, so that none of their lordships need be disturbed or inconvenienced. The usual offices would be, as usual, in the souterrain. The façade is of no particular architectural order, since between their refends the windows are set off with recessed plaques bearing carved escutcheons, bas-reliefs, and so on, those on the middle floor with masks and those on the upper floor with garlands in the Attic style; elements of this nature make an effective show on buildings such as this.

Kathrin Fenske

Angelika Zeiting-Witte

Tab.VIII.

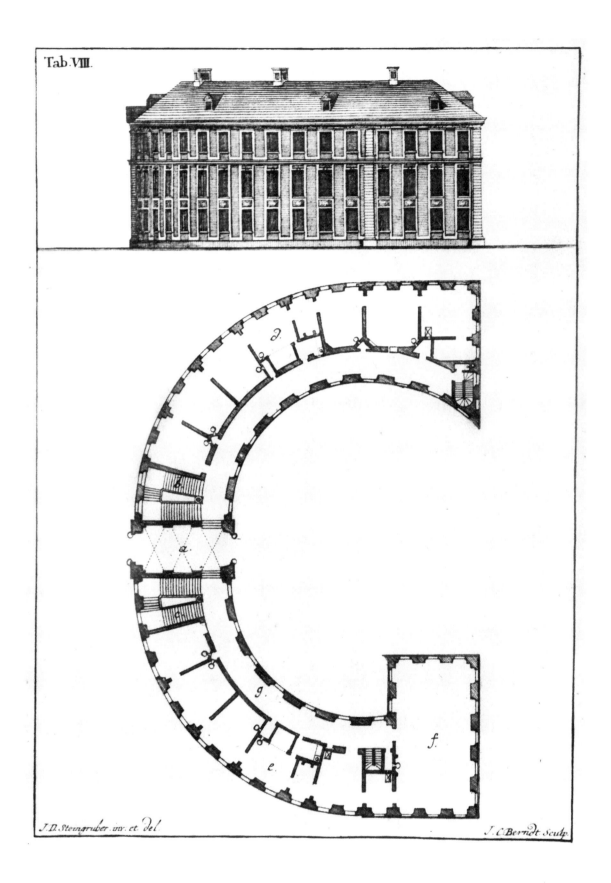

J.D.Steingruber inv. et del.   J.C.Berndt Sculp.

H

La symétrie de cette lettre est si parfaite qu'elle est tout naturellement choisie pour la résidence campagnarde d'un personnage de qualité, spécialement si le plan prévoit deux petits parterres derrière l'entrée principale, entre les deux grandes ailes, faisant ainsi pénétrer le parc dans l'édifice. Le pavillon octogonal (a) qui se tient au centre, offre un petit, mais souvent fort utile salon relié par les deux escaliers (b) attenants aux deux ailes principales. La salle-à-manger ordinaire [distincte de la salle destinée aux banquets] est située au centre (c), entourée à droite et à gauche par les appartements du propriétaire. Et, puisque le bâtiment comporte trois étages, et une mezzanine au-dessus du niveau inférieur pour les gens de maison, et comme les différentes dépendances sont en sous-sol, une cour royale peut être installée. Des escaliers dérobés [f sur le plan, mais omis dans le texte], un système de chauffage et d'autres aménagements sont prévus pour éviter tous désagréments aux distingués occupants de la place.

Le niveau inférieur de la façade est en style toscan rustique, les deux autres, incluant le pavillon sont ornées de demi colonnes, alors que les flancs du bâtiments présentent des pilastres ionique. Une balustrade décorée de statues et de vasques entoure le toit.

H.

Dieser Buchstab ist von solcher *regulai*ren Art, daß er sich gar wohl zu einem Land-*Palais* vor einen großen Herrn *applici*ren ließe; wann zumalen nach der Anlag von vornen die *Entrée*, darhinter zwischen beeden Flügeln 2. kleine *Parterre* und über diese ein Haupt-Garten angeleget würde. Der in der Mitte angelegte und in 8. Eck gebrochene *Pavillon a.* würde keinen unangenehmen *Salon* abgeben, zu welchen die darneben angebrachte Stiegen *b.* sowohl- als zu denen 2. Haupt-Flügeln führen, in welchen in der Mitte das *ordinaire* Speißzimmer, *c.* rechts und links *d. e.* aber hinlängliche Zimmer vor Herrschafften sind. Und da dieser Bau 3. *Etagen* und über der untern noch eine *Mezane* vor die *Domestiqu*en hat, und wann die übrige *Officen* wiederum in das *Souterrain* angeleget würde, eine königliche Hofhaltung gemächlich *logi*ren könnte. Die heimliche Stiegen, Einheiz-*Camins* und andere *Commoditä*ten sind dergestalten angebracht, daß denen Herrschafftlichen Wohnungen keine Beschwerlichkeit verursachet wird.

Die *Façade* ist an der untern *Etage* mit Toscanischer Ordnung *rustique*, die andern beeden *Etag*en am *Pavillon* mit halbvorstehenden Säulen und die Seiten Gebäude mit *Pilastern Ioni*scher Ordnung, und zu Verbergung des Daches eine *Palustrade* vorgezogen und mit *Statuen* und *Vasen orni*rt.

H

This letter is so balanced in form that it lends itself admirably to a design for a palace in the country for a personage of consequence, especially if the layout allows for two smallparterres beyond the main entry, between the two long wings, to supplement the great park. The octagonal pavilion (a) set in the centre could furnish a small but by no means negligible salon reached by way of adjoining flights of stairs (b) leading also to the two long wings. The ordinary dining-room [as distinct from the ceremonial] is located centrally (c) and to right and left are (d, e) their lordships' apartments. And since the building has three storeys, and a Mezane above the lowest for the domestic staff, and since the various service rooms are in the souterrain, a royal court could be accommodated. The concealed stairs [f in engraving, omitted from text], heating arrangements and other conveniences are so arranged as to spare the distinguished household any inconvenience.

The lowest floor of the façade is in the Tuscan rustic mode, the other two, taking in the pavilion, have half-columns, and the side buildings Ionic pilasters. A balustrade adorned with statues and vases conceals the roof.

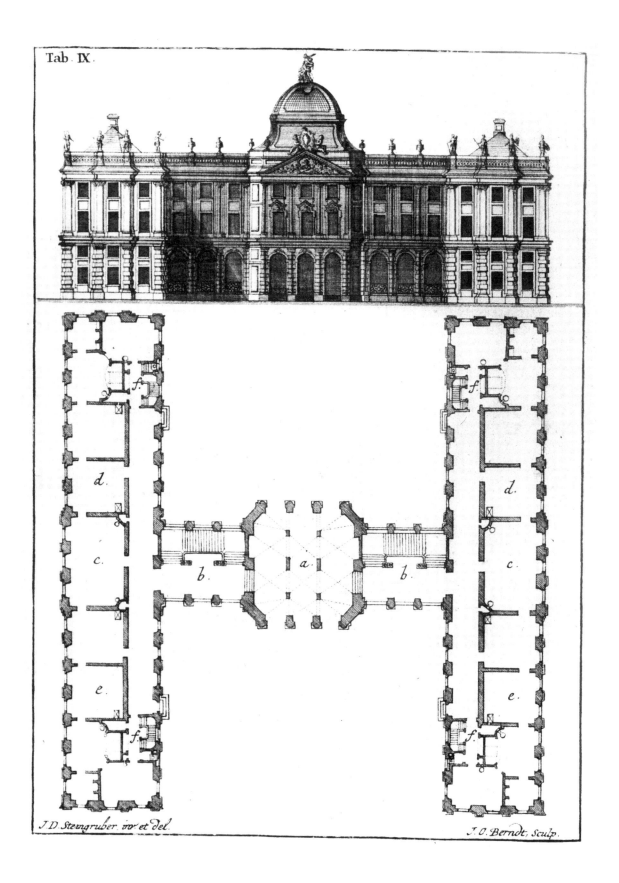

Tab. IX.

a.

b.   b.

c.   d.   d.   c.

e.   e.

f.   f.   f.   f.

J. D. Steingruber inv. et del.   J. O. Berndt, Sculp.

I

L'élévation d'un tel bâtiment n'ayant guère d'intérêt, je me suis permis d'ajouter au plan de masse un petit E d'un côté et un petit A de l'autre, le tout formant les lettres «EIA», un son qui rappelle la jubilation d'alléluia! Au centre du I sont situées l'église (a) et le cloître, et douze cellules monacales (b, c, d, e, f, g). Derrière celles-ci se trouve la résidence du Supérieur (h, i, j, k) qui précède un vaste réfectoire (m). Le cellier, la cuisine et les autres dépendances sont en sous-sol de telle sorte que dans les deux bâtiments latéraux abritent deux salles (n, o) consacrées à l'économie monastique. Des cours, et, à droite et à gauche, deux petits jardins (p, q) accueillant en leur centre deux bassins (r, s).

De l'avis de tous, la présence de ces trois bâtiments fait penser à une solution imposée dont la seule utilité serait de remplir cette page et de démontrer qu'il est possible d'imaginer des constructions tout en longueur.

Les façades du bâtiment principal et des deux bâtiments secondaires sont de style dorique avec des combles de style ionien. L'église est surmontée d'une imposante coupole. L'architecture des édifices secondaires est relativement simple.

I.

Weilen nach den Plan diese Figur im Aufriß aufzuziehen allzu *simple* ausgefallen wäre; so bin ich auf den Einfall gekommen, auf die eine Seite ein klein *E.* und auf die andere ein dergleichen *A.* somit andurch das Jubel-Wort *EIA* vorgestellet, und in den mittlern Buchstaben *I.* in

a. eine Kirchen und ein Closter
b. c. d. e. *f. g.* mit 12. Zellen, hinter diesen aber vor einen Closter Vorsteher
h. i. k. l. dessen *Logis* am Ende
m. ein geraumiger Speiß-Saal, Keller, Kuchen und ander Gelaß wären in das *Souterrain* anzulegen. Sodann in die 2. Neben-Gebäude zur Clösterlichen Haußhaltung die *Officen* und zur *Oeconomie* das nöthige einzurichten. Darhinter zu dieser
n. o. die Höfe, dann rechts- und links
p. q. zwey kleine Gärten, mittelst
r. s. Basins anzulegen.

Es wird aber gar wohl eingestanden, wie dieses in Ansehung der dreyerley Gebäude ein sehr gezwungener Einfall ist, und nur um das Blat zu füllen und zu zeigen, in wie weit die Bau-Gedanken getrieben werden können.

Die vordere *Fronte* am Haupt und Closter Bau ist nach *Dori*scher Ordnung mit einer *Ioni*schen *Attique* darüber, auf die Kirche eine *proportioni*rliche Kuppel gesetzet, die Neben-Gebäude aber ganz *simple* aufgezogen worden.

I

It is all too simple to draw this figure in elevation, so I have permitted myself the conceit of adding a small E to one side of it and a small A to the other, thus representing 'EIA', a word expressing jubilation. In the middle of the I we have (a) church and cloister, and (b, c, d, e, f, g) twelve cells for monks and, behind these, quarters for the Superior (h, i, k, l). Beyond his quarters is (m) a large refectory. Cellar, kitchen, and so on to be in the souterrain, so that in the two side buildings could be necessary offices connected with the monastic economy. (n, o) Courtyards, and, to right and left, (p, q) two little gardens, with, in the centre, (r, s) ponds.

Admittedly, in view of the threefold nature of the building, this is a somewhat forced solution, serving only to fill out a page and demonstrate to what lengths architectural notions may be taken.

The front elevation of main and minor buildings is in Doric style with an Ionic attic storey, and the church has an imposing cupola. The side buildings are quite simply designed.

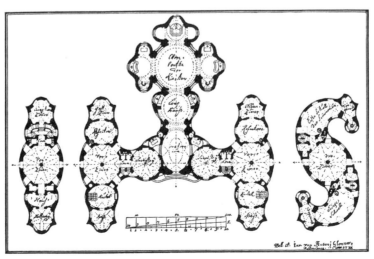

Anton Glonner, Straßburg 1774

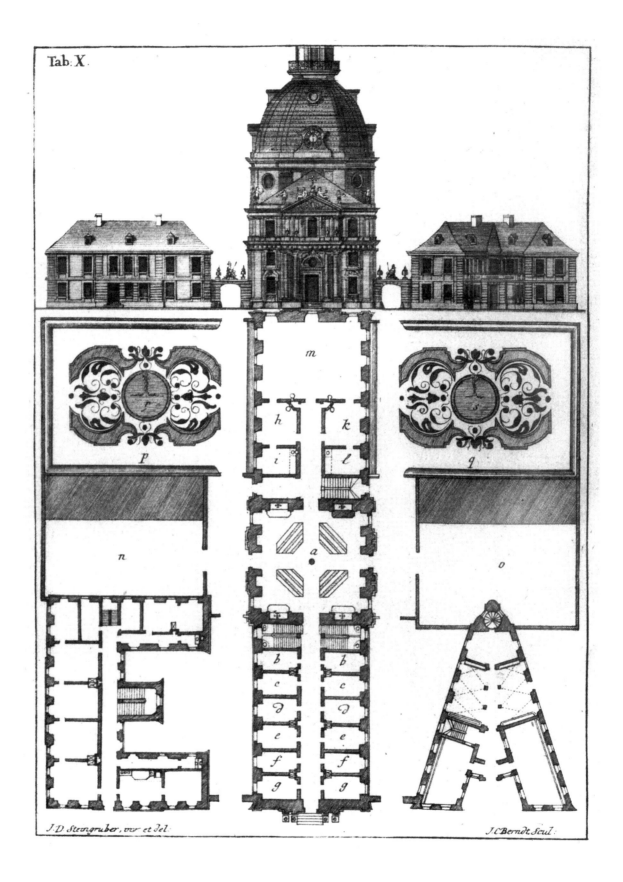

J.D. Steingruber, inv. et Del.

J.C. Berndt. Scul.

K

Voici une lettre d'une forme telle qu'un amateur décidé à bâtir un édifice sur ce plan est difficile à trouver. Cependant, comme le montre ce projet, on peut ainsi concevoir une grande maison tout en gardant la sobriété du style. Et, bien que le bâtiment doive être long [proportionnellement à sa largeur] afin de respecter la forme de la lettre, entraînant de ce fait une division en pièces de tailles presque semblables, on peut cependant introduire ici et là modifications et originalité.

Le centre du bâtiment est formé par un vaste hall (a), bordé des deux côtés, en dessus (b, c, d, e, f) et en dessous (g, h, i, k, l) par des habitations privées; en face de ceux-ci, côté cour, deux escaliers dérobés et deux petits bureaux près desquels sont placés les systèmes de chauffage. À la droite du portail (m) et au point de rencontre des deux bâtiments curvilignes extérieurs, s'élève l'escalier principal (n). Et on peut être sur qu'un édifice de cette nature n'est pas déplaisant. À droite, l'entrée (o) qui mène à un long corridor (p) [marqué o par erreur sur la gravure. L'erreur perdure aussi loin que x et v manque. Pour simplifier, cette description suivra l'ordre des lettres de la gravure] donnant accès aux pièces mentionnées ci-dessus. À droite, dans l'arrière-cour (p), la cuisine principale et la boulangerie (r), réunis avec les autres pièces de service (s, t, u, w). Donnant sur la cour principale, une salle des fête (y) est attenante à deux appartements (x et z) et à un bureau [notez que x est marqué à tort].

L'appareil du soubassement de la façade est formé de pierres de tailles rectangulaires, les deux étages supérieurs présentant des murs de refends sur la partie arrière des ailes; et, impliquant la présence de jardins des deux côtés de l'édifice, des murs décorés de statues.

K.

Es ist dieser Buchstab ebenfalls wiederum von einer solchen *Figur,* daß sich schwerlich ein Liebhaber finden wird, ein *Palais* darnach zu bauen, obschon nach der Eintheilung eine grose Herrschaft Bequemlichkeit genug hätte; Und weilen um die *alphabeti*sche *Figur* beyzubehalten der Bau meistens lang ausfällt, in welchem die Eintheilung der Zimmer mehrentheils einerley Art haben, nichts desto weniger ist doch so viel möglich hier und da eine Abwechsel- und Veränderung angebracht worden.

Hier in der Mitte

a. ist ein geräumiger Saal zu beeden Seiten nemlich oben
b. c. d. e. f. und unten
g. h. i. k. l. die Herrschafftl. *Logis;* hinten gegen den Hof *l'Escalier derobbé* und der Abtritt nebst denen Einheiz-*Camins* angeleget.
m. In der Durchfahrt rechter Hand im Winkel des Zusammenlaufs der beeden äusern Zirkel ist
n. die Haupt-Stiegen, und würde ein dergleichen Anlage sicherlich kein übels Ansehen machen. Linker Hand
o. die *Entrée* zu
p. den langen Gang in oben bemerkte Zimmer. Rechter Hand
q. im hintern Hof des Flügels ist
r. die Haupt-Kuchen und
s. die Back-Cammer nebst
t. u. v. w. denen übrigen *Offiçen.*
Im untern Hof des andern Flügels ist
x. ein *Salét'*gen, daran 2. Zimmer und ein Cabinet angebracht worden.

Der Aufriß ist im untern Stock *quadri*rt und die 2. obern *Etagen* mit *Refends*- neben denen Flügeln aber vorgestellet- als ob zu beeden Seiten Gärten und deswegen die Garten-Mauer aufgezogen und mit *Statu*en besetzt worden.

K

Here again is a letter of such a form that the amateur prepared to base a palace upon it would be hard to find. Yet, as the arrangement shows, a great household could be accommodated in reasonable style. And though the building must be long [in proportion to its width] in order to retain the letter-shape, yet with the division into rooms fairly uniform, there is nevertheless ample scope for introducing change and variation here and there.

In the centre is (a) a spacious hall, and on both sides – above (b, c, d, e, f) and below (g, h, i, k, l) – the private apartments; beyond these, on the courtyard side, concealed staircase and closet, and adjoining them, the heating arrangement. To the right hand of the through passage (m), and at the junction of the two outer curves, is (n) the main staircase. And, to be sure, a design of this nature is by no means unpleasing. To the left, (o) the entry to (p) [this is marked o on the engraving. The error persists as far as x, and v is missing. For the sake of clarity, this description will follow the letters on the engraving] – the long corridor giving access to abovementioned rooms. To the right, in the rear courtyard (p) of the wing are (q) the main kitchen and (r) bakehouse, together with (s, t, u, w) the rest of the service rooms. In the lower courtyard of the other wing is (y) a Salét'gen, adjoined by two apartments (x and z) and a cabinet [note that x is wrongly marked].

The lowest storey of the façade is faced with rectangular freestone blocks, the two upper storeys with refends beyond the wings; and (implying the presence of gardens on both sides) garden walls decorated with statues.

Tab.XI.

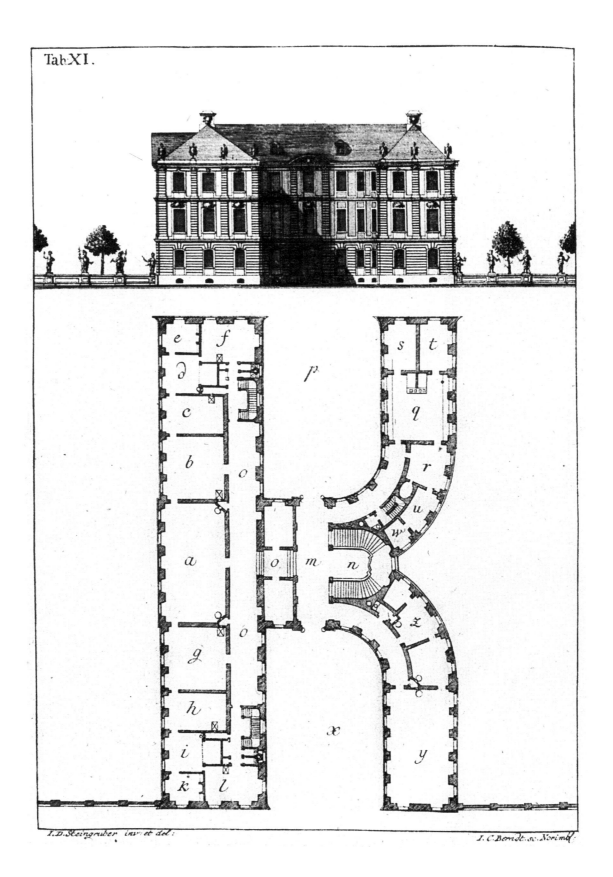

I.D.Steingruber inv: et del: I.C.Berndt sc.Norimb:

L

L.

L

Différents bâtiments peuvent être construits sur ce plan, mais reste ouverte la question de savoir si une construction en forme de L a été délibérément projetée ou non. Ici, une longue aile rectiligne, presque identique à celle décrite ci-dessus, est construite autour d'un vaste vestibule voûté (a) ouvrant, à gauche, sur l'entrée (b) et l'escalier principal (c). De là, par un long corridor (d), au milieu duquel on accède à une salle-à-manger (e) encadrée de deux antichambres, nous atteignons les appartements privés. En contrebas du bâtiment, se trouve, à droite, le hall (f), desservant la cuisine et une autre pièce, et un escalier menant à un petit bureau et à l'installation de chauffage.

Le soubassement de la façade est constitué de pierres de taille cannelées, et de fenêtres surmontées d'arcs légèrement en retrait. Des pilastres ioniques montent le long des deux étages supérieurs, et, le grand hall donne sur une terrasse bordée d'une rambarde en fer forgé. Le toit mansardé est décoré d'un fronton en son centre.

Es sind zwar auf diese Art unterschiedliche Gebäude zu finden, ob aber eine *Figur* auf diesen Buchstaben angeleget und eingerichtet worden, lasse dahin gestellet seyn. Es ist der lange Bau dem Vorhergehenden fast gleich, ausser daß in der Mitte

a. ein groß gewölbtes *Vestibulé* dann linkerhand
b. die *Entré* und
c. die Haupt-Stiegen. Wornach aus
d. den langen Gang in der Mitte
e. das Tafel- und Vorzimmer rechts und links aber die herrschaftl. Zimmer angeleget.

Am untern Bau rechter Hand ist

f. der Eingang zu
g. der Kuchen und
h. zu einer Stuben, dann einer *communications* Stiege mit dem Abtrit und Einheiz-*Camins*.

Die *Façade* ist im untern Stock mit Spund *Quadern* und die Fenster mit etwas vertieften Bögen eingesetzet. Durch die 2. obern *Etagen* sind *Ioni*sche *Pilastres* vor dem Saal eine *Altane* mit eisenen Gittern und das Dach *á la Mansarde* in der Mitte aber noch eine *Attique* mit einen *Fronton* aufgezogen.

Different buildings may be found based on this shape, but it is open to question whether an L-based building has ever been deliberately planned. Here the long straight wing is almost the same as the foregoing one, save that in the centre is (a) a large vaulted vestibule, with, on the left, (b) the entry and (c) the main stairway. Thereafter, by way of (d) the long corridor, in the centre of which is (e) the dining-room with antechambers to right and left, we come to private apartments adjoining. In the lower part of the building, to the right, is (f) the hall, leading to (g) kitchen and (h) another room, and then a stairway leading to a closet and the heating arrangement.

The façade is faced with grooved ashlar blocks on the bottom floor, and the windows have slightly recessed arches. Ionic pilasters run right through the two upper storeys, and in front of the great hall is a balcony with iron railings. The mansard roof has also a centrally placed attic storey with fronton.

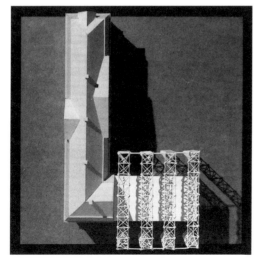

Dirk Lienkamp

Christian Nachtigäller

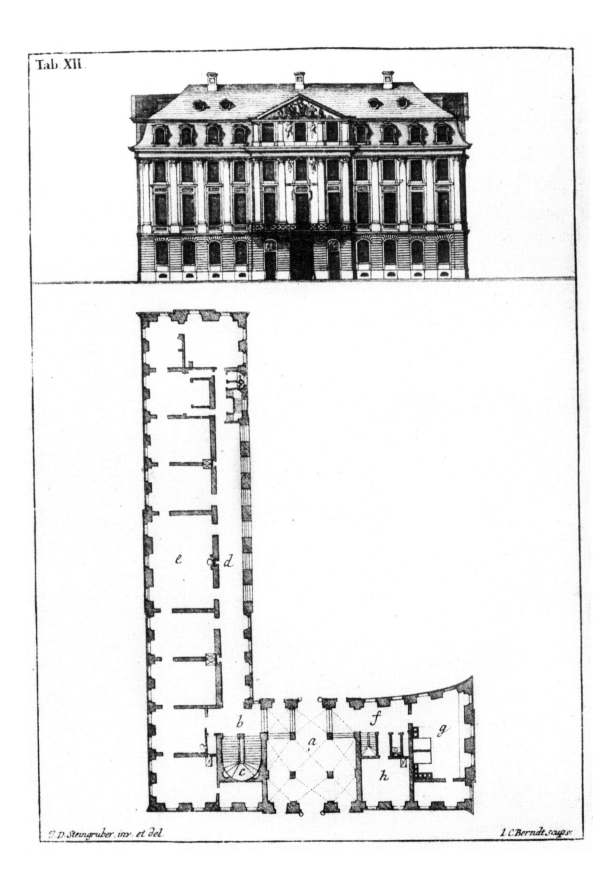

Tab. XII.

J.D.Steingruber, inv. et del.

I.C.Berndt sculps.

Johann David Steingrubers,

Hochfürstl. Brandenburg-Anspachischen Bau-Inspectorii

Architectonisches Alphabet

Zweyte Abtheilung

bestehend

In fünfzehen Buchstaben Grund- und Aufrissen, nebst deren Erklärung

als

der Schluß des ganzen Alphabets.

Wovon aber

Biß zur künfftigen Ostermesse 1775. die noch weiters angesicherte 18. Blat Kayserl. Königl. Chur- und hoher Fürsten Nahmen, ebenfalls geliefert werden sollen.

TABULA XIII.

M

Pour obtenir un plan totalement symétrique fondé sur cette lettre, nous avons à l'étage inférieur un hall d'entrée hexagonal (a) qui ouvre, à droite et à gauche, sur deux escaliers identiques (b, c), comportant chacun trois volées et donnant accès, à travers deux pièces de forme irrégulière (d, e), aux couloirs principaux (f) qui desservent l'antichambre et la salle-à-manger, suivies respectivement, à droite et à gauche, du reste des chambres. À l'extrémité de chacune des ailes est dissimulé un escalier dérobé. On peut installer un salon sous le toit du hall hexagonal.

La façade du rez-de-chaussée est appareillée de pierres de taille cannelées; les deux étages supérieurs sont ornés de pilastres romans flanqués de longues bandes verticales. Le hall central du pavillon peut être coiffé d'une coupole surmontée d'une couronne, celle d'un électeur ou une autre, et l'intérieur doit être impérativement voûté.

M.

Da in der *Figur* dieses Buchstabens mit einer *Simetrie* anzukommen, so sind unten in einen 6. eckigten

a. Vorplaz rechts und links
b. c. zwey ansehnliche Stiegen jede von 3. Rampen angebracht, wornach man durch
d. e. zwey *irregulaire* Zimmer von
f. den Haupt-Gang und von der *Entrée* in die zwey Vor- und Speiß-Zimmer: sonach von diesen rechts und links in die übrige Zimmer kommet, unten am Ende des Flügels ist noch eine *Escalier derobbé* eingerichtet worden; Ueber gedachten 6. eckichten Vorplaz kan ein dergleichen *Sallon* angebracht werden.

Die *Façade* ist am untern Stock mit Spund-*Quadern* die 2. obern aber mit Römischen *Pilasters* und an denen Seiten mit geraden *Lissenen* aufgeführet. Der mittere Saal des *Pavillons* könnte mit einer Kuppel bedecket und eine Crone oder Churhuth darauf gesetzet: innwendig aber ein ansehnliches Gewölb angebracht werden.

M

To arrive at a completely symmetrical plan based on this letter, we have in the lower part in a hexagonal (a) entrance hall, to right and left (b, c) identical stairs, each of three flights, giving access, by way of (d, e) two rooms of irregular shape, from (f) the main corridor and entry to anteroom and dining-hall, subsequently to right and left to the rest of the rooms. At the far end of each wing is a concealed staircase. A salon of corresponding area could be built above the roofed-over hexagonal hall.

The lowest storey of the façade is built up of grooved ashlar; the two upper storeys have Roman pilasters flanked by long vertical pilaster strips. The central hall of the pavilion might well be roofed over with a cupola surmounted by a crown, electoral or other, and the interior could be imposingly vaulted.

Tab. XIII.

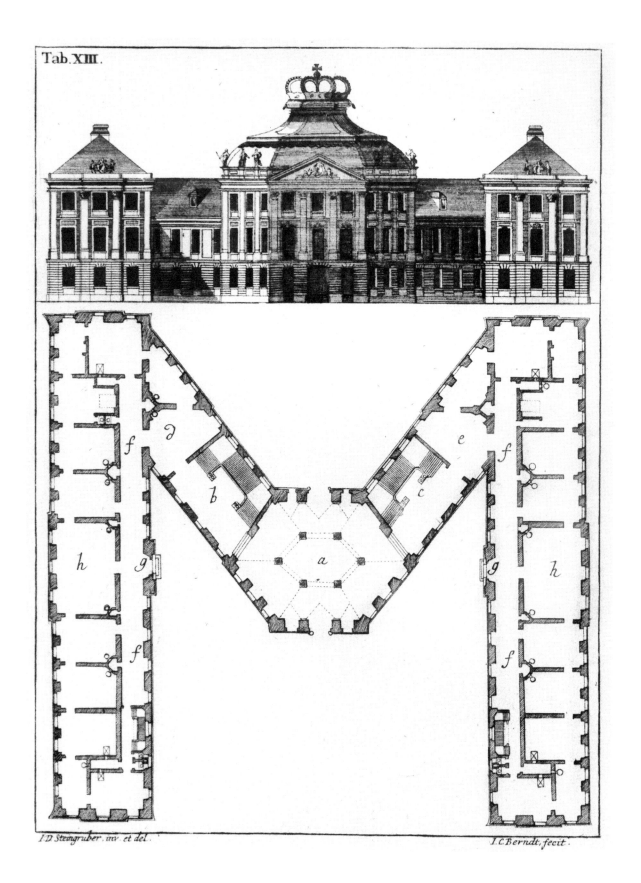

I. D. Steingruber, inv. et del.   I. C. Berndt, fecit.

Second M

Puisque cette lettre est souvent présente dans le nom des personnalités de haut rangs, et puisque ses caractères, proportions et contours peuvent varier, nous proposons ici une autre interprétation. Il est évident, naturellement, que les deux ailes répondent à un plan identique à celui de l'édifice précédent, mais la partie centrale présente un aspect totalement différent s'appuyant sur un hall oblong (a) [omis sur la gravure], (au-dessus duquel on peut construire un agréable salon), en y ajoutant de chaque côté des colonnes surmontées de statues ou de groupes de sculptures placées dans des niches entre elles. Toutefois, l'escalier principal peut se présenter sous différentes formes, en demi cercle (b), par exemple, avec des marches basses ou même une rampe pour les cavaliers ou les carrosses; un autre (c), peut offrir trois volées.

Le plan est conçu de telle façon qu'il n'y a aucune difficulté pour y recevoir quelque grand personnage ainsi que pourra facilement le concéder l'aimable lecteur.

Zweytes *M.*

Da bey Aufzeichnung etlicher hoher Herrschafften Namen dieser Buchstabe öffters vorgekommen, und sowohl in der Anlag und Eintheilung wie auch im Aufriß einige Veränderung an Handen gegeben, so ist noch ein dergleichen hier beygeleget worden; In welchem zwar die zwey Haupt-Flügel-Gebäude dem vorhergehenden fast gleich kommen, dagegen stellet der mittlere Theil eine ganz andere *Figur* vor, massen

a. in den ablangen grosen Vorplaz, worüber ein ansehnlicher *Sallon* angebracht werden kan, und die an denen Mauern zu beeden Seiten zu stehen kommende Säulen und in die zwischen solchen stehende *Nichen Figur*en oder *Groupp*en gesetzet, kein übles Ansehen geben würden. Ueber diß ist zu denen vielerley abwechslenden Haupt-Treppen eine dergleichen in
b. in einen halben Zirkel entweder mit ganz *commoden* Stufen oder aber *en Talut* zum Reiten oder Fahren- die andere
c. aber auf 3. Rampen angeleget worden.

Dieser *Plan* ist von einer solchen Art, daß dergleichen Bau von einen grosen Herrn ohne Scrupel in *Execution* gebracht werden kan; wie der geneigte *architectoni*sche Kenner selbsten eingestehen wird.

Second M

Since this letter occurs so often when the names of personages of rank are set down, and since its characteristics, proportions, and contours can vary, another interpretation is given here. It is indeed true that the layout of the two main wings is almost exactly the same as in the preceding plan, but the central section has a totally different aspect on account of (a) [omitted from plate] the achievement ofa far from unpleasing effect by a large oblong hall (over which a handsome salon might be built) by the addition of free-standing columns on each side, with statues or groups of statuary in the niches between them. Moreover, there are main staircases of various kinds, one of these (b) in a half-circle, and having either very shallow treads or a ramp for riding or conveying; another one (c) arranged in three flights.

The plan is such that there is no difficulty about carrying it out for some great personage-as the gentle reader interested in architecture will readily concede.

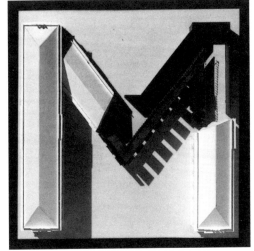

Uwe Schulz

Sandra Ringkamp

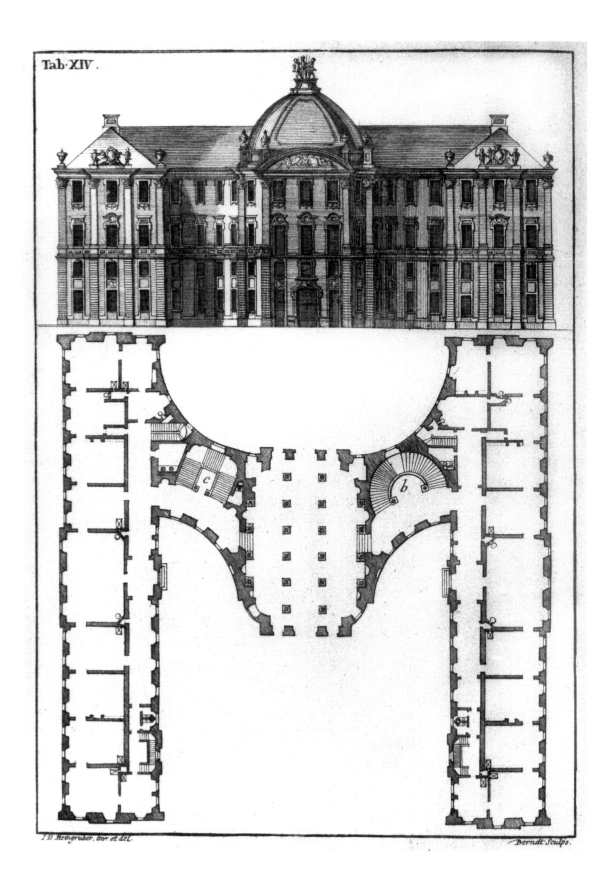

Tab·XIV.

39

N

Construire selon cette forme peut conduire à un organisation particulièrement malcommode, puisque établir un plan acceptable sans effacer la forme de la lettre est particulièrement difficile, le tout devant être chauffé par des bouches de chaleur ou tout autre moyen. Nous avons ici la porte cochère (a), un octogone oblong avec dans lequel des paires de colonnes soutiennent le hall principal qui se trouve à l'étage supérieur. Montant du vestibule, à droite et à gauche, deux escaliers aériens aboutissent à des paliers (b, c) près desquels sont dissimulés des petits boudoirs. Puis, par un passage contourné, on accède au couloir principal et à l'aile principale avec la salle-à-manger et les appartements privés. L'accès à l'édifice est également possible venant de la cour par les deux arcades (e) menant au couloir principal tronqué (d), avec des escaliers plus étroits dans lesquels sont inclus des réduits. Par ces différents moyens, la forme caractéristique de la lettre est relativement bien représentée.

La façade présente un niveau en mezzanine et sa partie inférieure est construite avec des blocs de pierre de taille cannelées. Des pilastres ioniques décorent les deux étages supérieurs; le grand hall et le pavillon sont couverts d'un dôme surmonté par une plate-forme entourée d'une main courante en fonte.

N.

Nach dieser *Figur* aber einen Bau anzulegen, würde abermals eine sehr *geni*rte Art herauskommen, wie dann die Anlage zur Kenntbarkeit eine der schwersten mit gewesen, wann zumalen alles mit Oefen geheizet und die Einheiz-Camins angeleget werden sollen.

a. Die Durchfarth ist in ein ablanges Achteck mit denen *coupli*rten Säulen worüber der Saal käme, angebracht; aus dem *Vestibule* sind
b. c. rechts und links zwey ansehnliche Stiegen und Vorpläze angeleget und darneben die verborgene Abtritte angebracht. Dann ist durch die *irregulaire Passage* zwar durch
d. den Gang und Haupt-Flügel-Bau zu dem Speiß- und andern Herrschafftl. Zimmern zu kommen, kan aber auch von denen Höfen zu beeden Seiten durch
e. die 2. Bögen genommen werden. In
d. den abgeschnittenen langen Gang sind auf beeden Seiten kleine Treppen mit denen Abtritten angebracht- und somit durch solche Anlag der Buchstabe kennlich genug vorgestellet worden.

Der Aufriß stellet über der untern *Etage* eine *Mezane* mit Spund-*Quadern* vor. Durch die 2. obern Stöcke gehen *Joni*sche *Pilastres,* der Saal und mittlere *Pavillon* ist mit einer Kuppel und darauf eine *Altane en platte forme* angeleget.

N

But building according to this figure could lead to a very awkward arrangement, since laying it out without blurring the letter-form is indeed difficult, with all to be heated by stoves or some other means. Here we have (a) the carriage-way, an oblong octagon with paired columns supporting the main hall above. Ascending from the vestibule to right and left are fine-looking stairways with landings (b, c), and closets are concealed near by. Thence, by way of an irregular passage and (d) the main corridor, to the main wing, with dining-room and private apartments. Access thereto is also possible from the courtyards through the two (e) arches, leading to (d) the truncated main corridor, with lesser stairs and closets fitted in. By these various means the characteristic shape of the letter is well enough represented.

The façade shows a mezzanine floor and facing of grooved ashlar blocks. Ionic pilasters rise through the two upper storeys; the great hall and pavilion are roofed over with a cupola surmounted by a railed-in platform.

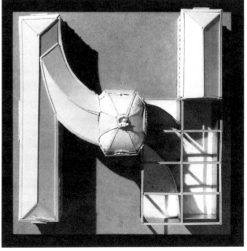

Claudia Radinger

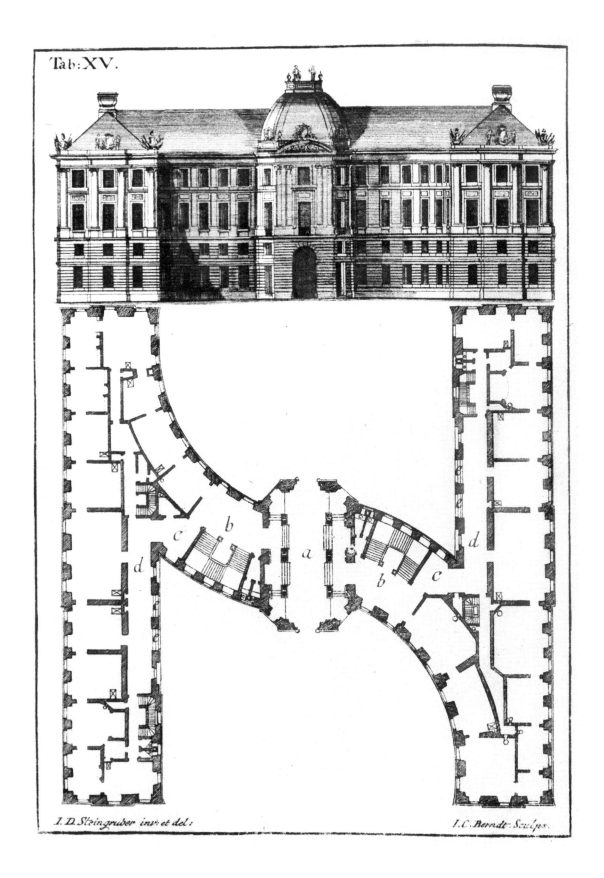

Tab: XV.

J. D. Steingruber inv. et del: J. C. Berndt Sculps.

41

O

La lettre O est présentée ici sous sa forme ovale, et bien qu'il en résulte des murs légèrement incurvés, quatre personnes de haut rangs peuvent y cohabiter confortablement, chacune dans ses propres appartements, et bénéficiant chacune d'un escalier privé (1, 2, 3, 4). Et, avec les deux entrées principales devant (5) et derrière (6) le bâtiment, les deux grands vestibules à droite et à gauche peuvent donner de chaque côté sur des jardins (9, 10, 11, 12). Le salon d'été est situé au niveau des deux étages inférieurs, et le grand hall, occupant l'étage supérieur, bénéficie de toute la hauteur de la coupole. Les cuisines, les réserves et les autres pièces de service sont en sous-sol.

En raison de la forme ronde, la façade parfaitement régulière, animée par deux coupoles surmontées couronnées de deux groupes de sculptures situées au-dessus des deux grands salons.

Buchstaben *O.*

Der Buchstaben *O.* ist etwas *oval* förmig angeleget worden; und obschon nach der runden *Figur* die Zimmer etwas *irregulaire* deme ohngeachtet bekämen 4. Herrschaften hinlängliche *Logis*, welche durch die

1. 2. 3. 4. verschiedene Stiegen auf allen Seiten *degagi*ret wären; Und wann
5. die vordere und
6. die hintere *Entrée* genug, so könnten
7. und 8. die 2 grosse Vorplätze recht und linker Hand zu beeden Seiten angelegte Gärten
9. und 10. 11. 12. unten zu Sommer *Saletgen* durch die 2 untern *Etagen* und über diesen sodann der grosse Saal durch den obern Stock biß an die Cuppel erhöhet- Kuchen, *Conditorey* und übrige *Offiçen* aber in das *Souterrain* angeleget werden.

Der Aufriß ist wegen der runden *Figur* ganz simple aufgezogen, über beede *Salons* Cuppeln und hierauf *Grouppes* gesetzt worden.

O

The letter O is here given a somewhat oval form, and although the rounded contours result in rooms of slightly irregular shape, yet four persons of rank could be comfortably housed with appropriate logis, and each in privacy thanks to (1, 2, 3, 4) different staircases. And with (5) the front and (6) the back entries sufficing, then (7, 8) the two great vestibules to right and left could be flanked on both sides by gardens (9, 10, 11, 12). On the two lower storeys the summer hall, and the great hall above occupying the top storey and the whole height of the cupola; then kitchens, Conditorey and other service rooms would be in the souterrain.

Because of the rounded shape the façade is quite plain in design, with cupolas crowned with groups of sculpture over the two great salons.

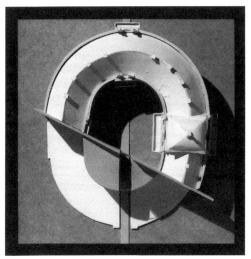

Andrea Schwermann

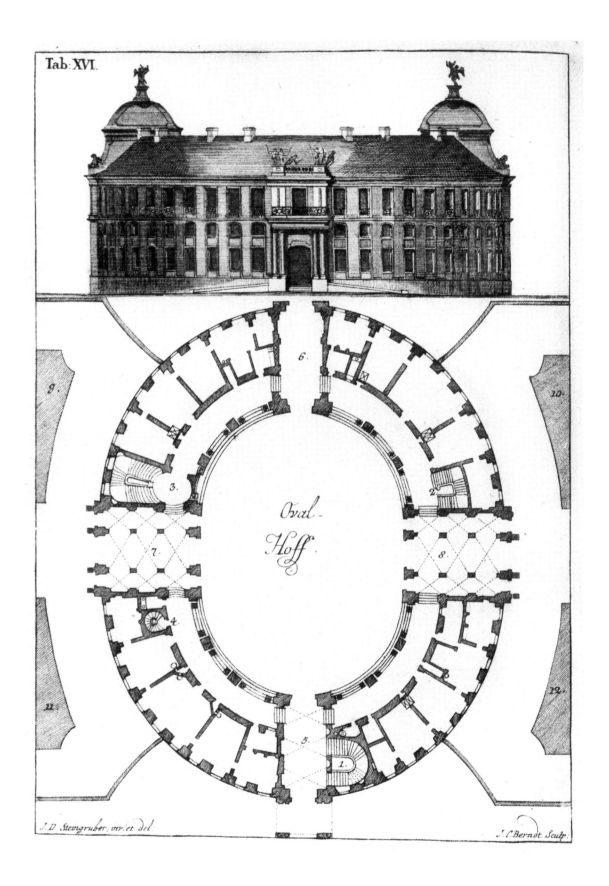

Tab: XVI.

Oval-
Hoff

J.D. Steingruber, invert del.

J.C. Bernöt Sculp.

43

P

Buchstaben *P.*

P

Bien que nous ayons dessiné cette lettre à la même échelle et dans les mêmes proportions et la même hauteur que les précédentes, le bâtiment paraît plus petit, excepté, peut-être, la partie rectiligne. Cet édifice peut être utilisé selon ce plan par un seigneur et sa suite, avec toutes les commodités possibles, spécialement la cuisine, située à l'étage supérieur de l'aile circulaire, de telle sorte, en suivant les plans présentés précédemment, il n'y ait aucune autre observation à faire.

La façade présente une loggia montée sur une arche, mais l'étage supérieur est massif, les angles du bâtiment avec des murs de refends; le toit est à la Mansard.

Ohngeachtet dieser Buchstab nach dem nehmlichen Maaßstab und *Proportion* derer vorhergehenden in gleicher Grösse entworffen, so ist doch solcher ausser dem *I.* am kleinsten ausgefallen, doch aber von einer solchen Art, daß eine grosse Herrschaft ganz gemächlich darinnen *logi*ren und alle *Commodité* haben könnte, wann zumahlen in den obern runden Theil die Kuchen angeleget würde, so mit nach denen vorhergehenden *Plans* allhier keine sonderliche Anmerkung zu machen. Der Aufriß ist unten mit der *Mezane* in Bögen, der obere Stock aber *simple* und die Eck mit *Refends* aufgezogen und ein Dach *à la Mansarde* darauf gesetzet worden.

Although we have delineated this letter on the same measure as, and in proportion with, preceding ones, and of the same height, it still proves to be the smallest, apart from I. Yet it can be utilized in such a way that a noble lord could be suitably housed, and with all possible convenience, especially with the kitchen premises located in the upper rounded area, so that, with earlier plans to go by, there are no further observations that need to be made.

The elevation shows the mezzanine set in arches, but the upper floors are plain, the angles of the building with refends; and the roof is à la Mansarde.

Anja Dicke

Birgit Glasmacher

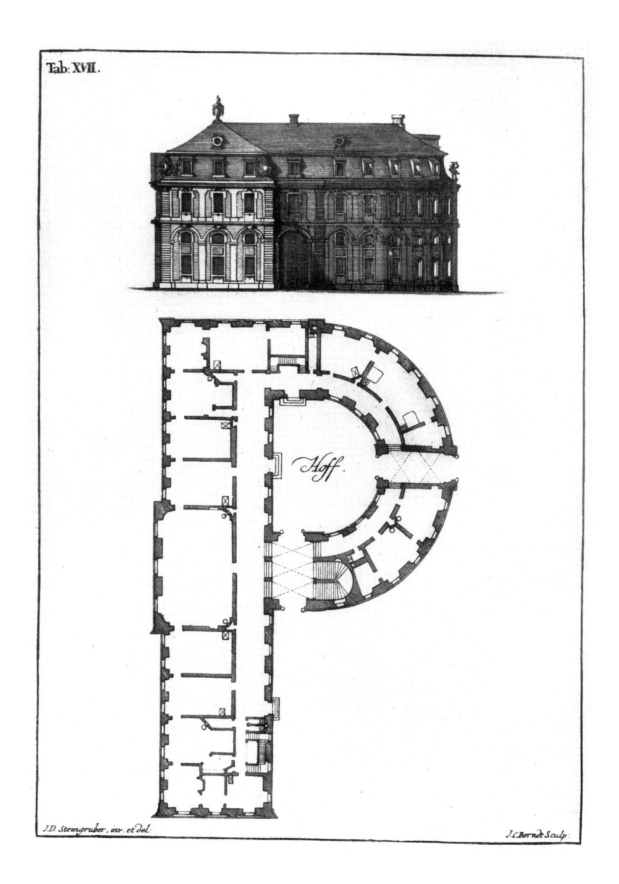

Hoff.

J.D. Steingruber, inv. et del.

J.C. Berndt Sculp.

Q

Le trait caractéristique de cette lettre est sa queue, qui présente, évidemment, certaines difficultés si nous devons nous conformer scrupuleusement aux règles édictées jusqu'ici. La solution est d'envisager une construction dans un site montagnard ou à flanc de coteau. Dans ce cas, l'entrée se situe sur un des côtés (a), au bas de la pente, et, par un passage légèrement incurvé (b), une rampe de faible inclinaison qui ouvre sur un escalier secondaire en colimaçon (c), mène à l'escalier principal (d) formé de deux volées desservant le premier étage. Les cuisines (e), les boulangeries (f) et les celliers sont installés au rez-de-chaussée.

Le premier étage entoure une vaste cour ovale construite sur le toit du rez-de-chaussée avec toutes les commodités et les facilités que l'on peut attendre d'une demeure royale. Ici, au-dessus de l'entrée, figure un petit jardin, marquant clairement la présence de la seconde partie de la queue. Et, afin d'inscrire le bâtiment plus nettement dans l'ovale, le côté opposé à l'entrée est orné d'une porte en trompe-l'œil, de chaque côté de cette terrasse supérieure sont dessinés des jardins sous lesquels on peut installer une orangerie. Et ceci, comportant trois étages comme le montre la gravure [XVIII] avec une galerie qui donne à ce château montagnard une apparence splendide. La présence d'un toit mansardé donne plus de lumière et plus de volume à la cour intérieure, comme le montre la coupe du bâtiment.

Buchstaben *Q.*

Es hat das Zeichen oder der Schweif dieses Buchstabens ohne die Regeln zu überschreiten allerdings einige Schwierigkeit diesen Riß zu fertigen, verursachet, und am Ende deswegen einen Platz an einem Berg oder Hügel zum Augenmerk genommen worden; also daß auf der einen Seiten

a. die *Entrée* unten am Berg angeleget; In der etwas krumm gezogenen
b. *Passage* gemächlich in die Höhe gefahren, in der Mitte ausgestiegen, vermittelst
c. einer geräumigen Schnecken- und weiters
d. durch eine gebrochene Stiegen in den ersten Stock gegangen werden kan.
e. Die Kuchen und
f. die Back-Cammern und Keller sind in das Erdgeschoß angeleget.

Der erstere Stock in dem geräumigen *Oval* förmigen Hof ist auf einen erhöheten *Socle* nach dem zweyten Grund-Riß, worinnen so viele Gemächlichkeit und *Logis,* daß wohl ein Königlicher Hof Platz genug hätte. Ueber gedachter *Entrée* ist ein Gärtgen angeleget, somit das Zeichen dieses Buchstabens nach dem zweyten Grund noch einmal deutlich giebet; Und um den Bau *regulaire* im *Oval* vorzustellen, ist auf der Gegenseite ein blinder Thor-Weeg angebracht worden, und wann bey diesem hohen *Terrass* oben zu beeden Seiten Gärten angeleget würden, hierunter die *Orangerie* angebracht werden könnte, welches nebst denen 3 *Etagen* nach dem Aufriß mit der *Gallerie* diesen Berg-Schloß ein prächtiges Ansehen von aussen, und in dem Hof nach dem aufgezogenen Durchschnit mit dem Dach *à la Mansarde* mehr Licht und Lufft geben würde.

Q

The feature of this letter, its tail, of course presents certain difficulties if we are to refrain from flouting the rules laid down. And the solution is to envisage a site on a mountainside or hill-slope. Then on one side is (a) the entrance at the foot of the incline, and by way of a slightly curved (b) through-passage, a gentle upward gradient, with an outlet halfway up by way of (c) a winding flight of steps, and in addition, (d) a stairway in two flights, both leading up to the first floor. (e) Kitchens, (f) bakehouses and cellars are in the basement.

The first storey in the spacious oval courtyard stands on a raised socle in the second plan, which makes for such ease, such comfortable accommodation, that a royal court could reside here. Above the entry, in this case, is a small garden, clearly emphasizing the characteristic tail in this second plan. And in order to fit the building more neatly into the oval, on the side opposite the entry is a sham doorway – and if, alongside this raised terrace, gardens are laid out on both sides, an orangery could be arranged below. And this, with the three storeys as shown in the sketch [plate XVIII] with a gallery, would give this mountain castle a magnificent exterior; and together with the mansard roof would ensure more light and air on the courtyard side, as suggested in the cross-section of the elevation.

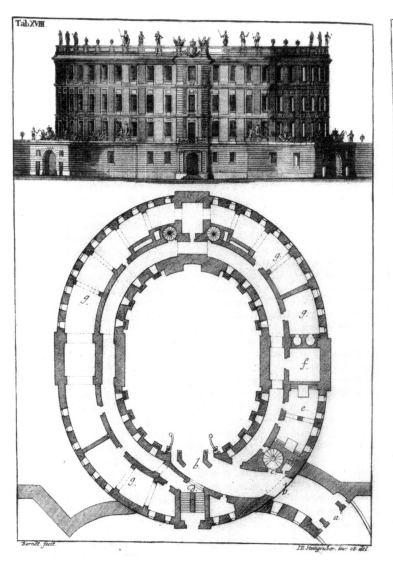

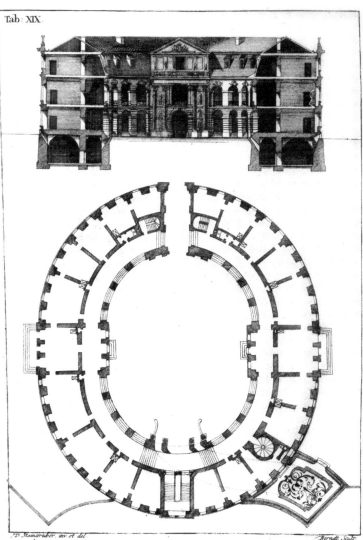

R

Étant donné que cette lettre se présente sous des formes très différentes, nous nous trouvons face à des solutions extrêmement variées, notamment en ce qui concerne l'aménagement intérieur. Le long bras principal de la lettre n'offre pas, cependant, de modifications notables, la disposition des pièces permettant d'installer commodément des appartements privés de chaque côté du hall central.

La courbe supérieure, par le rattachement à l'aile principale, enferme une petite cour, mais une seconde cour, ouverte quant à elle, dessert le portail. La porte cochère (a) débouche sur un double escalier (b) formé de cinq volées, celle du milieu menant du rez-de-chaussée au premier étage et les deux autres donnant accès aux niveaux supérieurs.

À droite, là où se rencontrent les deux parties incurvées, est placée la chapelle du palais (c), avec trois autels, et, dominant le tout, une loggia réservée au chapelain; au-dessous, la sacristie (e), et, dans l'aile inférieure, un autre petit hall (f); attenant à ce dernier, deux chambres supplémentaires (g, h). Dans la courbe supérieure sont placés la cuisine (i) et les saloirs (k, l).

Comme il est mentionné ci-dessus, l'édifice comporte un rez-de-chaussée et trois étages; et, puisqu'il s'agit d'un lieu de recueillement, le toit est surmonté d'un clocher abritant une cloche.

Buchstaben *R.*

Nach denen abwechselnden Buchstaben Anlagen, verändern sich auch die *Desseins* besonders in der Eintheilung, obschon an den langen Haupt-Bau dieses Buchstabens weiters keine merkliche Veränderung vorgefallen, doch dergestalten eingetheilt ist, daß zu beeden Seiten des *Sallons* hohe Herrschaften gemächliche *Logis* haben. Der obere Bogen mit dem mittlern Abschnitt beschließt einen kleinen Hof, von unten aber ist ein dergleichen offener zur *Entrée.*

a. in der Durchfarth ist
b. eine in 5. Rampen gebrochene doppelte Stiegen angeleget, wovon der mittlere über das *Sou-bassement* in den ersten Stock führet, die andere 2. aber mit den mittlern in die obere *Etage* führen.

Rechter Hand in dem Zusammenschnitt der 2 Zirkel ist

c. eine Schloß-*Capelle* von 3 Altären angebracht, auf der obern Seite
d. eine *Logis* vor einen Geistlichen unterhalb aber
e. die *Sacristey* und in den untern Flügel *f.* noch ein kleiner Saal, und darneben
g. h. noch 2 kleine Zimmer; im obern Bogen Gebäude aber
i. die Kuchen
k. l. die Speiß-Cammer.

Wie schon gedacht, ist dieser Bau mit einem *Sou-bassement* und hierauf noch 3 *Etagen* und weilen in diesen Bau eine Kirchen, so ist in der Mitte ein Thurn zu denen Glocken und der Uhr angebracht worden.

R

As characteristics of letters vary so much, so must the buildings based on them vary, especially in the divisions of internal space. Even though the main long arm in this letter shows no notable differences, the disposition of rooms allows for commodious private apartments on both sides of the main hall.

The upper curve, with the crossbar, encloses a small courtyard, but another similar courtyard below has more open access at the entry. In (a) the carriage-way is (b) a double stairway arranged in five flights, the middle one leading from the sou-bassement to the first floor; and the other two, as well as the middle one, giving access to higher floors.

To the right, where the two curves meet, is (c) the palace chapel, with three altars, and on the upper side of this (d) a priest's lodging; below, (e) the sacristy, and in the wing below, (f) another small hall; and adjoining this, (g, h) two further chambers. In the upper curve, (i) the kitchen and (k, l) the larders are located.

As already mentioned, this edifice has a sou-bassement and three storeys above it; and since there is a place of worship within the building there is a bell and clocktower above it.

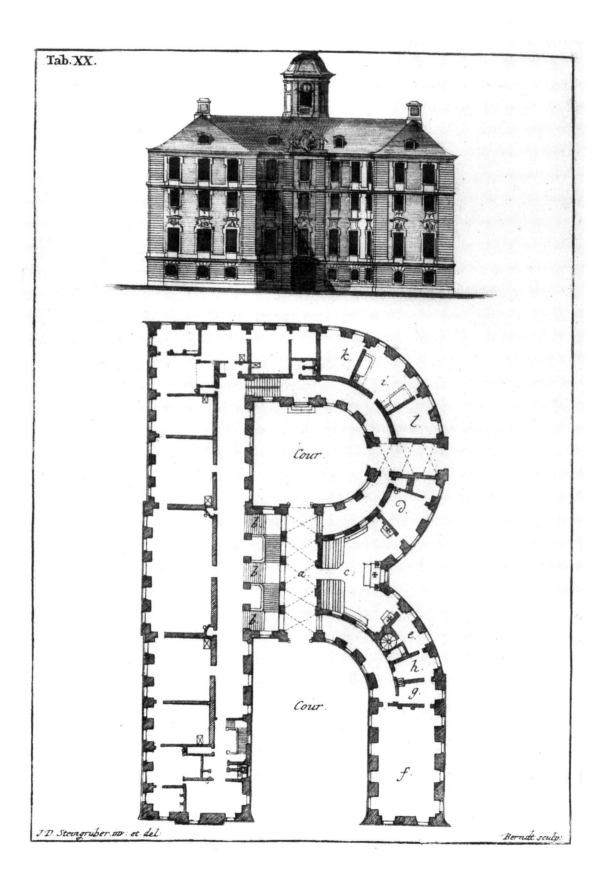

Tab. XX.

Cour

Cour

k
i.
l.
D.
b
b
a.
c.
b
e.
h.
g.
f.

J.D. Steingruber inv: et del:

Berndt sculp:

Second R

Bien que, toutes choses considérées, il peut être évidemment difficile d'arranger des constructions en conformité avec la forme de telles lettres, le but principal de tous ces plans est de faire le meilleur usage dans chaque cas des espaces disponibles tout en respectant un degré de symétrie aussi élevé que possible. Cependant, dans le plan précédent, l'extrémité de l'aile latérale est nettement plus étroite que celle de l'aile principale et ne comporte que deux fenêtres au lieu de trois. Comme compensation, l'extrémité de l'aile latérale et celle du bâtiment principal sont symétriques, chacune comportant trois fenêtres, ce qui leur donne une largeur identique. La largeur du reste de l'aile latérale va en se rétrécissant jusqu'au sommet de la courbe. Les divisions du bâtiment principal correspond pour une grande part avec celles qui sont décrites dans le plan précédent, mais l'escalier principal et la chapelle sont disposées différemment et les façades ne se ressemblent pas.

Zweyter Buchstaben *R*.

Ob zwar mehr gedachter massen nach diesen *Figur*lichen Bau-Rissen schwerlich dergleichen Gebäude angeleget werden, so ist doch bey all diesen *Desseins* das Hauptwerk dahin gerichtet, bey allerley Vorfallenheiten die Plätze zu nutzen und doch im Haupt-*Prospect* eine so viel mögliche *Simetrie* anzubringen, als weshalben zwar nach dem vorhergehenden Riß des Buchstabens *R* der eine Seiten-Flügel gegen den Haupt-Bau etwas schmäler, und statt drey nur mit zwey Fenstern ausgefallen. Diesen nun abzuhelffen, so ist der anderweite an den bemelden Seiten-Flügel dahin angeleget und der Haupt-Bau *en front* von gleicher Breite *en Simetrie* ebenfalls mit 3 Fenstern aufgezogen, und die übrige Breite gegen der hintern in der Runde herausgezogen. Die Eintheilung des Haupt-Baues ist mehrentheils den vorhergehenden gleich eingerichtet, dagegen die Haupt-Stiegen und Hauß-*Capelle* veränderter angeleget, auch die *Façaden* anderster aufgezogen worden.

Second R

Although, all things considered, it may indeed be difficult to arrange buildings of the required kind in conformity with such letterforms, yet the main task in all these designs is to make the best use in every case of the spaces available while still bringing to the main prospect as high a degree of symmetry as possible. Therefore, in the preceding plan one side wing is somewhat narrower than the main block and has only two windows instead of three. By way of compensation, the rest of the side wing and the front of the main block are brought into symmetry by providing three windows to make the two widths equal; and the rest is narrowed towards the back of the curve. The divisions of the main block correspond for the most part with those already described in the preceding account, but the main stairs and domestic chapel are differently disposed, and the façades are different in design.

50

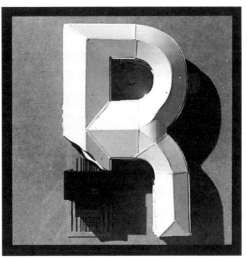

Beate Otto

Tab. XXI.

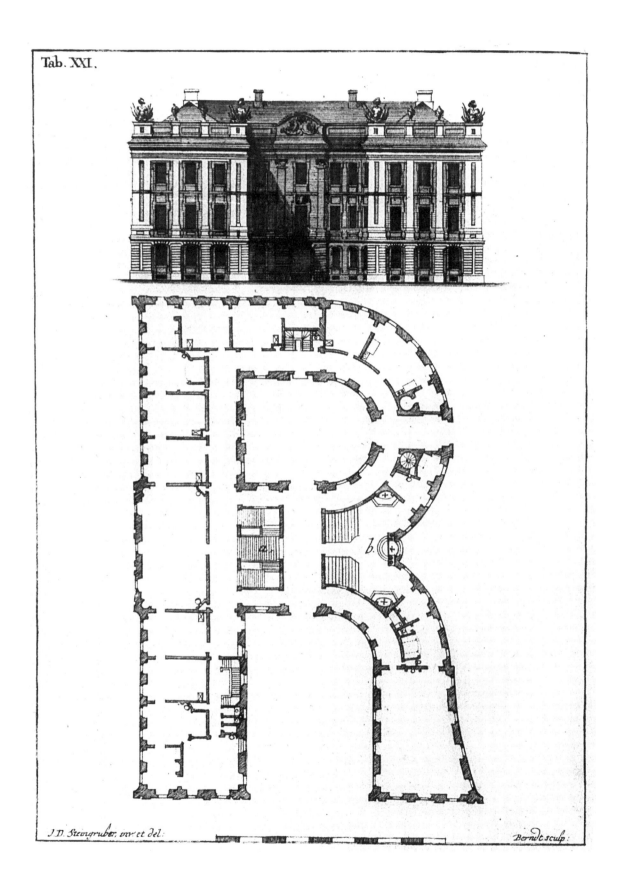

J.D. Steingruber, inv et del:

Berndt sculp:

S   Buchstaben *S.*   S

Construire un bâtiment selon la forme de cette lettre consiste à créer, nul ne peut le nier, une curiosité plus qu'un projet réalisable. Quoiqu'il en soit, la disposition est la suivante : de (a) à (i) et de (k) à (s), [r et s ne figurent pas sur la gravure] il est possible d'installer une résidence royale comportant, de 1 à 12, suffisamment de pièces pour les domestiques. Les deux salles de réception circulaires A et B présentent un inconvénient, celui d'être petites, quoiqu'elles soient facilement accessibles par l'intermédiaire de passages incurvés et rectilignes et des escaliers, deux à volée droite et quatre en colimaçon, placés de telle sorte qu'on ait pas à traverser les appartements personnels et qu'ainsi personne ne puisse importuner quiconque.

Les cuisines et autres dépendances indispensables sont situées au rez-de-chaussée, mais les autres pièces de services et les systèmes de chauffage sont placés de sorte qu'ils passent autant que possible inaperçus.

La façade se présente avec rez-de-chaussée massif, mais les étages supérieurs sont ornés de pilastres ioniques, simples pour la partie rectiligne et doubles pour la partie incurvée. Au-dessus se trouve une galerie supportant des statues et des vases, et un groupe de style italien couronne la tour.

Nach dieser Figur ein Gebäude anzulegen, wird nicht widersprochen, daß es mehr vor eine *Curiosité* als vor einen *practi*schen Bau-Riß anzunehmen, obschon nach der Eintheilung von

a. bis *i.* und von
k. bis *s.* eine ganze königl. Hofhaltung und von *Nro.* 1. bis 12. deren Bedienung Gelaß genug finden könnte, ausgenommen daß
A. und *B.* die 2. runden *Salletgen* etwas zu klein, dem ohngeachtet aber durch die runde und gerade Gäng mittelst der 4 Schnecken und 2 Haupt-Stiegen dergestalten *degagi*ret, daß ohne die Herrschaftlichen *Logis* zu beschweren eines dem andern gemächlich ausweichen kan.

Die Kuchen und andere Erfordernus ist in das Erd-Geschoß, das weitere aber und die Einheiz-*Camins* auf das möglichste verborgen, angebracht worden.

Der Auf-Riß ist am untern Stock *masiv,* die obern aber am Vorsprung mit *Ioni*schen *Pilastres* an denen geraden Seiten mit einfachen- an denen Rundungen aber mit doppelten *Lisenen* aufgezogen, worüber eine *Gallerie* mit *Statüen* und *Vasen* auf dem Thurn aber eine *Grouppe alla Italiana* gezeichnet.

To erect a building according to this letter-form is to create, as none will gainsay, a curiosity rather than a workable building. Even so, disposed thus: from (a) to (i) and from (k) to (s), [r and s are omitted from plate] there is scope for a royal residence with, from 1 to 12, room enough for the servants. One drawback is that A and B, the two circular Salét'gen, are somewhat small, yet they are freely accessible by way of curved and straight passages and the two principal and four spiral stairways – so arranged that with no trespass on the private apartments there is free communication with no one person impeding another.

Kitchens and other necessary offices are on the ground floor, but other service rooms and heating arrangements are as far as possible kept inconspicuous.

The elevation shows a solidly constructed ground floor, but the upper storeys have soaring Ionic pilasters, their straight sides decorated with single, their rounded sides with double, pilaster strips; above them is a gallery with statues and vases, and a group in Italianate style surmounts the tower.

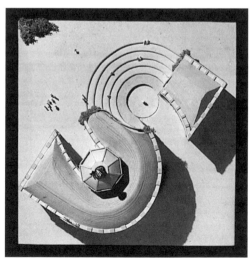

Miriam Mylenbusch

Tab XXII

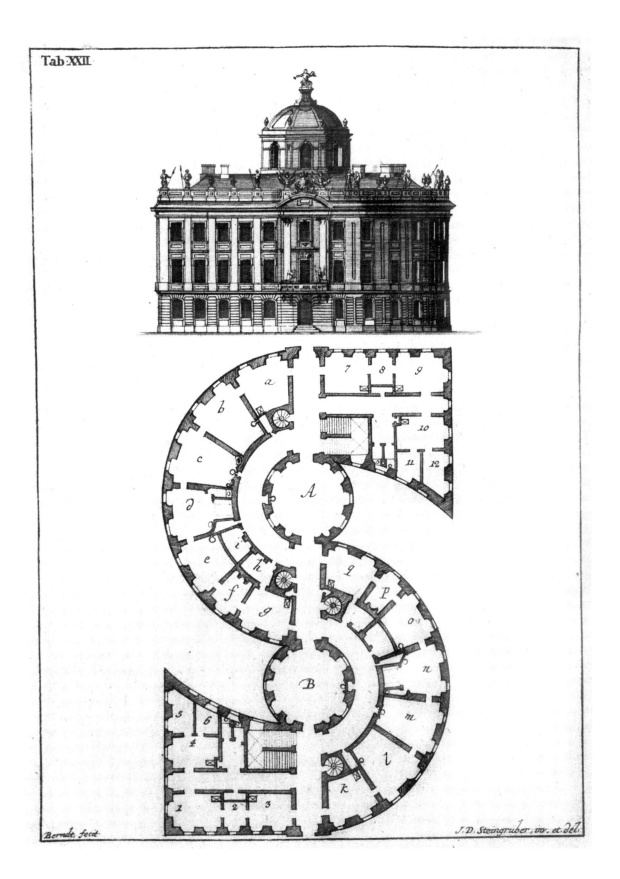

Berndt. fecit.

J. D. Steingruber. inv. et del.

T

Buchstaben *T.*

T

Cette apporte encore quelque chose d'original avec un catalogue de toutes sortes d'approches. Il s'agit ici d'un cas éminent où la forme de la lettre peut être distinctement représentée, tandis que, dans beaucoup de cas précédents et dans certains de ceux qui suivent, il faut voir le plan de haut ou du sommet d'une tour pour que l'on puisse reconnaître clairement la lettre.

Puisqu'il n'y a rien de particulièrement remarquable dans la disposition correspondant à cette forme, aucune description supplémentaire n'est avancée ici.

Les deux étages inférieurs de la façade sont massifs et dotés de murs de refends, mais les deux étages supérieurs sont de style néo-Goldmann* avec des pilastres sur les deux côtés, surmontés de statues. Le toit est à la Mansard.

* Probablement en référence à Nicolas Goldmann (1611–1665), dont l'influence à perduré bien après sa mort.

Diese Figur ist wiederum mehr zu einen Zeitvertreib und zur Uebung allerley Gedanken in den Grund zu legen; doch aber wohl am besten als ein Buchstab vorzustellen: da im Gegentheil die mehresten derer vorhergehenden und übrig folgenden entweder von einen hohen Berg oder Thurn besehen werden müssen, um deren Figur zu erkennen; Und weilen ausser dem obern Quer-Bau sich keine sonderliche Eintheilung schicken wollen, so ist auch keine weitere Erklärung zu machen nöthig.

Die *Façade* ist in denen untern 2. Stockwerken *massiv* mit *Refends,* die 2. obern aber nach der Goldmännil.* neuen Ordnung mit geraden *Lisenen,* von vornen an denen Seiten aber *Termes* darzwischen aufgezogen und mit einem Dach *à la Mansarde* bedecket.

* Wahrscheinlich eine Anspielung auf den Architekturtheoretiker und Mathematiker Nikolaus Goldmann (1611-1665), dessen Einfluss sich noch lange Jahre nach seinem Tod zeigte.

This figure again leads to something that is diverting, with scope for all kinds of notions. Yet it is pre-eminently a case where the letterform can be most distinctly represented – whereas, in many preceding examples, and in some yet to come, the layout needs to be viewed from a height or from the top of a tower if the letter is to be clearly recognizable.

Since there is nothing remarkable about the allocation of space, no further explanation is called for.

The two lower storeys of the façade are massively constructed and with refends, but the two upper storeys are in the new Goldmann* style, with straight pilaster strips on the sides, and term statuary between. The roof is à la Mansarde.

* Probably a reference to Nicolaus Goldmann (1611–1665) whose influence was still felt many years after his death.

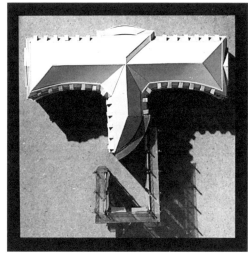

Stephanie Kron

Melanie Havasta

Nike Pflieger

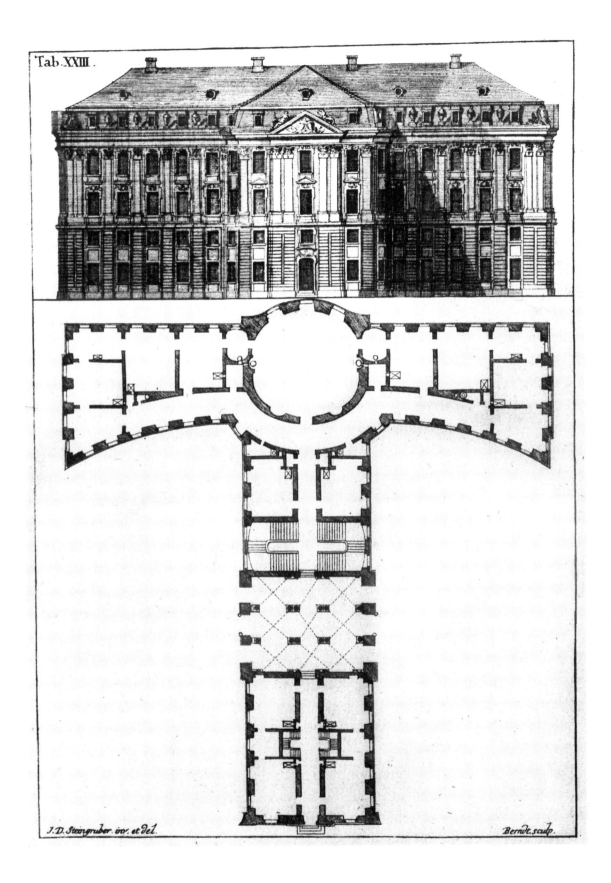

Tab. XXIII.

J.D. Steingruber. inv. et del.

Berndt. sculp.

55

U

Buchstaben *U.*

U

On peut affirmer que la forme de cette lettre est parfaitement appropriée à la construction d'un palais, avec une cour accueillante, deux longues ailes pouvant recevoir de vastes appartements et un bâtiment transversal comprenant deux salons situés l'un au-dessus de l'autre, avec des cabinets de chaque côté attenants à deux petites galeries, donnant accès par deux portails d'un côté à la cour et de l'autre à deux splendides escaliers ayant chacun une ou deux entrées mais un seul débouché.

L'élévation montre un rez-de-chaussée orné de pilastres simples et une partie supérieure, où sont les salles de réception, décorée de pilastres corinthiens, mais les fûts de tous ceux-ci lisses et proportionnés.

Hingegen ist dieser Buchstabe von einer solchen Figur, nach welcher gar wohl ein *Palais* aufgeführet werden könnte. Da es einen ansehnlichen Hof abgibt, in die beeden Seitenflügel gemächliche *Logis* eingerichtet- und in dem untern Quer-Bau 2 grosse *Sallons* über einander- und zu beeden Seiten Cabinets nebst 2 kleinen *Gallerien*- und hinter diesen vom Hof aus durch die 2 *Entrée* ansehnliche Stiegen entweder mit 2 oder nur mit einen Antritt, hingegen mit 2 Austritten angeleget werden könnten.

Der Aufriß ist im untern Stockwerk mit *simplen* die obern aber an dem Saal-Bau mit *corinthi*schen *Pilastres* darneben aber von gleicher Proportion mit glatten *Lisenen* aufgezogen.

On the other hand, this letter is of a shape entirely appropriate for a palace design, permitting of a handsome courtyard and two long wings with ample apartments, and a lower transverse block comprising two salons, one built above the other, with cabinets on each side adjoining two small galleries, and beyond these, by way of the courtyard and through two separate gateways, magnificent stairways having either one or two approaches, but at all events two outlets.

The elevation shows a lower storey with single pilasters and an upper one, that of the state rooms, with Corinthian pilasters; but all with plain and proportionate pilaster strips.

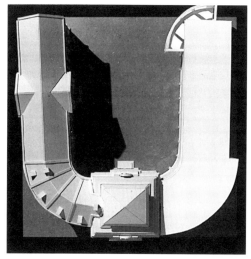

Simone Jakobs

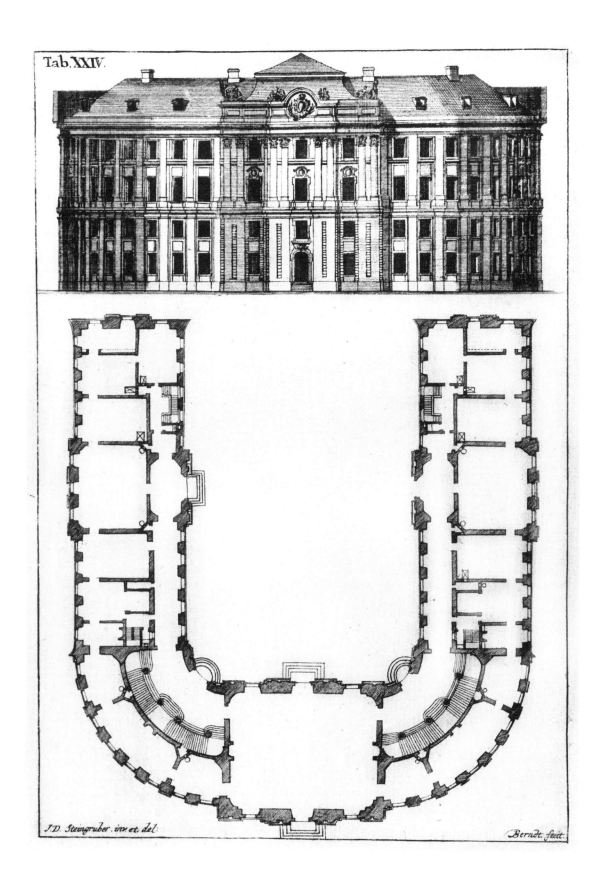

Tab. XXIV.

J.D. Steingruber. inv et. del:

Berndt. fecit.

V

Buchstaben *V.*

V

Ici encore, s'adapter à la forme de la lettre, entraîne un effet quelque peu artificiel; cependant, le plan proposé montre deux longues ailes nettement plus séparées que dans le plan précédent, pour tenir compte que, avec cette lettre, la partie inférieure de l'édifice ouvre sur un vaste vestibule limité par deux murs semi-ciculaires ornés de niches; au-dessus de ce vestibule, dans les deux étages supérieurs, un magnifique grand hall avec un plafond voûté qui profite de tout l'espace situé sous le toit. À chaque étages, des cages d'escaliers et des couloirs conduisent aux différentes pièces.

Les deux étages inférieurs sont appareillés avec des blocs de pierre taillées. Des colonnes ioniques s'élèvent sur toute la hauteur des deux étages supérieurs avec des panneaux perpendiculaires et des bandes entre eux. Un toit à la Mansard achève l'édifice.

Die Figur von diesen Buchstaben ist wiederum ziemlich gezwungen, ein Gebäu hiernach anzulegen; doch der Ordnung gemäß dergestalten aufgezeichnet, daß die beeden langen Flügel denen vorhergehenden in der Eintheilung ziemlich gleich kommen; ausgenommen daß nach der Figur des Buchstabens unten am Anfang ein figurirter grosser Vorplatz mit 2 halben Zirkels und gebrochenen Seiten Wänden angeleget, worüber durch die 2 obern Stockwerk ein ansehnlicher Saal mit einem Gewölb in das gebrochene Dach gemacht- und unten und oben zu denen Zimmern, Stiegen und Gängen gekommen werden kann.

Die *Façade* ist an denen untern 2 *Etagen* mit Spund-Quadern- im Vorsprung aber durch den Saal als der Höhe der 2 obern *Etagen* mit *Joni*schen Säulen und an denen Seiten mit geraden Fällungen und *Lisenen* aufgezogen- der ganze Bau aber mit einem Dach *à la Mansarde* bedeckt worden.

Here again, adherence to the letter-form results in a contrived effect; however, the present arrangement shows the two long wings divided much as in the preceding plan, save that with this letter the lower part lends itself to a large vestibule shaped within two semicircular walls with recesses; above this vestibule, in the two upper storeys, is a splendid great hall with vaulted ceiling that ascends right into the roof space. On all floors are staircases and corridors leading to the various rooms.

The two lower storeys are faced with grooved masonry blocks. Ionic columns run through the full height of the projecting façade of the two upper storeys with perpendicular panels and strips between them. A roof à la Mansarde covers the building.

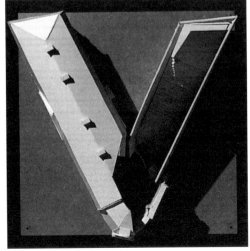

Michaela Gude

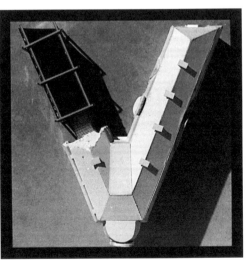

Thomas Walcher

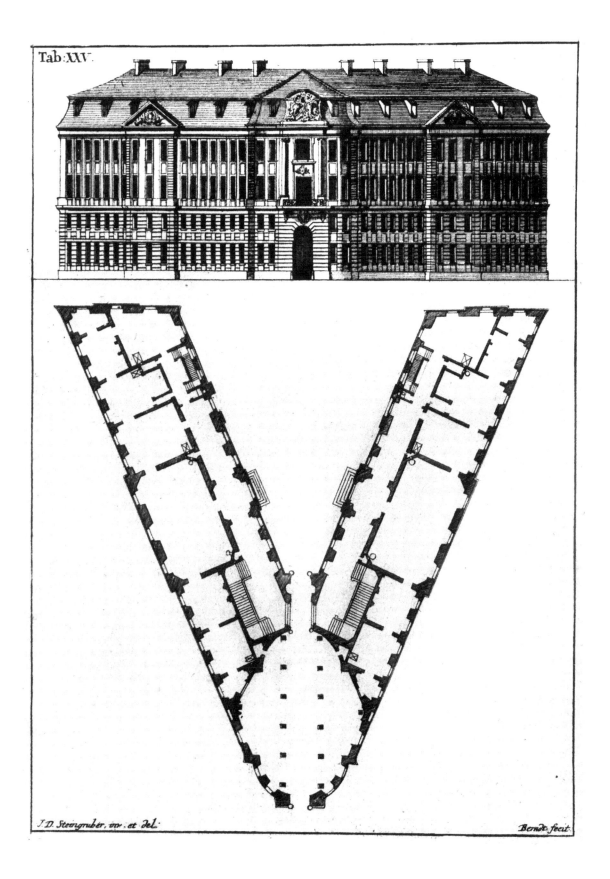

Tab: XXV.

J.D. Steingruber, inv. et del.

Berndt fecit.

59

W

On peut effectivement penser qu'aucun bâtiment réellement acceptable, ni aucun arrangement réellement concret puisse être fondé sur la forme de cette lettre, bien que, finalement, une idée praticable émerge laissant apparaître la forme du W.

L'idée s'appuie sur une entrée située dans une avant-cour placée devant l'entrée inférieure, de soixante pieds de large sur cinquante de profondeur; derrière cette entrée, un vestibule rectangulaire ouvre sur un salle de réception ovale à droite et à gauche de laquelle se développent les deux escaliers principaux dessinés d'une façon telle que, pour ma part, je n'en ai jamais vu de semblables, ni dans les constructions existantes, ni sur des plans. Sur les paliers situés à mi-hauteur de ces escaliers sont placés des groupes de sculptures ornementales, et ces paliers étant au nombre de trois, ces escaliers sont particulièrement faciles à monter. Une surprise du plan original réside dans la présence de deux boudoirs ovales de taille appropriée aux deux extrémités inférieures du W et dans les couloirs derrière chacun de ceux-ci, du côté de l'avant-cour, de deux petites pièces de forme irrégulière pour les domestiques. Le système de chauffage est prévu pour chauffer deux ou trois pièce par appareil. Selon l'habitude, les deux longues ailes sont réservées aux appartements privés; la disposition de ceux-ci et l'arrangement de la façade sont laissés au gré des amoureux et des praticiens de l'art architectural. Et si certains d'entre eux se sentent l'envie d'expérimenter mes idées, j'en serais heureux, puisque, depuis des temps immémoriaux, toutes sciences et tout art, partant d'humbles prémices, ont su se développer et atteindre de nouveaux degrés de perfection, particulièrement dans l'art de la construction, assez délaissé de nos jours, comme il est rappelé dans notre préambule, dédaigneux que l'on est d'une discipline pour laquelle il ne reste plus guère de domaine susceptibles de progresser.

Buchstaben *W.*

Wie zu vermuthen, daß nach dieser Figur gar kein Gebäude oder eine schickliche Eintheilung zu finden wäre; doch aber endlich einen Gedanken entworffen, welcher des Buchstabens Figur *W.* nicht gar unkenntlich darstellet.

Wobey unten ein Vorhof zur *Entrée* 60 Schuh in die Weite und 50 Schuh in die Tiefe und bey dem Eintritt ein länglichter Vorplatz zum *oval* förmigen Saal führet, auch auf beeden Seiten zwischen dem Vorplatz und Saal die 2 Haupt-Stiegen dergestalten angebracht sind, daß ich meines Orts dergleichen weder in Rissen noch aber *in natura* gesehen. Auf denen mittlern Ruhe-Plätzen sind *Grouppen* zur Zierde gestellet, und kann die ganze Stiegen auf 3. Ruhe-Plätzen gemächlich bestiegen werden. Um der ganzen Anlag einige Wendung zu geben, so sind in die untern Spitzen 2 *oval*-förmige *Cabinets* von hinlänglicher Größe, und der dahinter liegende Gang, gegen dem Vorhof aber noch 2 *irregulai*re Cammern vor Bediente angebracht- und die Einheizstätte dergestalten eingetheilet, daß 2 und 3 Zimmer zugleich aus einem beheizet werden können. Die 2 langen Hauptflügel sind wie *en ordinaire* zur Herrschaftl. *Logis* eingerichtet; überlasse aber die Eintheilung selbsten als auch die *Façade* dieser Figur architectonischen Liebhabern und Kennern, und wann ein und anderer meine Gedanken verbessern wird, ich mit gröster Freude davon *profiti*ren werde, um so mehr ja von je her, alle Wissenschafften und Künste einen geringen Anfang gehabt, nach und nach aber immer vermehrt und verbessert worden, wie besonders die Bau-Kunst nach den in der Vorrede gemachten Anmerkungen einen sehr schlechten Anfang gehabt, aber so weit gestiegen, daß kaum was zu verbessern übrig geblieben.

W

It might well be conjectured that no really acceptable building, no really suitable accommodation, could be based on this letter-form, yet in the end a workable idea emerged, with the W shape by no means unrecognizable.

This idea presumes an entry forecourt laid out at the lower end, sixty feet wide and fifty feet deep; beyond this entry a rectangular vestibule leads to an oval reception hall. To right and left between this vestibule and hall the two principal stairways are so arranged that I, for my part, have never seen anything to match them, either on paper or in natura. On the landings half-way up these flights are ornamental sculptured groups, and as there are three landings in all, the stairs are easily negotiated. Imparting an original twist to the plan, there are two oval cabinets of adequate size at the two lower points of the W, and in the corridor behind each of these, on the forecourt side, two small rooms of irregular shape for servants. The heating arrangement is so situated as to be capable of warming two or three rooms from one system. As usual, the two long wings are reserved for private apartments; the detail thereof, and of the façade, being left to the individual choice of lovers and practitioners of the architectural art. And if any one of these is inclined to improve on my ideas I shall be glad to profit therefrom, since from time immemorial all sciences and arts have, from humble beginnings, developed and reached new levels of perfection, particularly the builder's art, lowly enough in its early days, as was pointed out in the preamble, yet now so lofty an art that there remains scarcely any room for further progress.

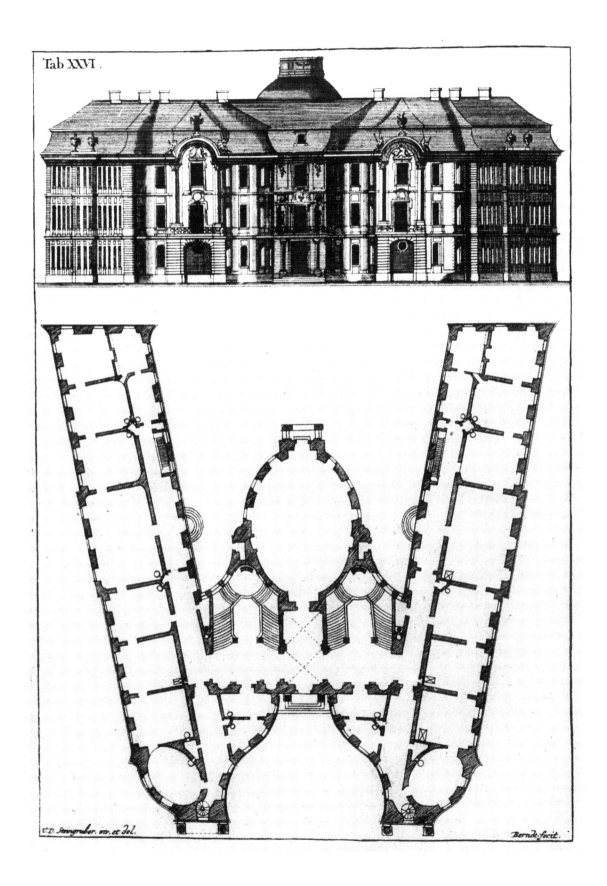

Tab XXVI.

U. D. Steingruber. inv. et del.

Berndt fecit.

X

Buchstaben *X.*

X

Ainsi que nul ne peut le nier, aussi bien des bâtiments ecclésiastiques et des édifices profanes ont été construits selon le plan de la croix de saint André, de telle sorte que nous n'avons de grandes innovations à apporter ici pour respecter notre projet. Même si, dans ce projet totalement laïque, la disposition des pièces est prévue pour accueillir quatre vastes appartements, chacun d'entre eux bénéficie de son propre escalier et de son propre couloir menant au grand hall central, il est digne d'être pris en considération.

Des colonnes corinthiennes s'élèvent sur les deux étages de la façade. Entouré par les quatre toits couvrant les ailes et surmontant le hall, se trouve un dernier étage, construit selon le style italien et couvert d'un dôme à degré.

Daß nach dieser Figur schon geist- und weltliche Gebäude als ein Andreas-Creuz angeleget worden, wird niemand in Abrede seyn, und dahero hier vor keine neue Erfindung ausgegeben wird; ob aber jene, zumalen weltliche Gebäude dieser Eintheilung auf viererley *commode* Herrschaftliche Logis eingerichtet, wovon jede seine besondere Stiege hat und jede durch den Gang in den mittlern Saal kommen kann, überlasse ebenfalls geneigter Ueberlegung.

Die *Façade* an denen 2 *Etagen* ist mit *Corinthi*schen *Pilastres* aufgezogen- und zwischen die 4 Dächer über dem *Salon* noch ein Stockwerk *a la Italianæ* mit gebrochener Cuppel bedeckt worden.

As none will deny, both ecclesiastical and secular buildings have been based on the Cross of St Andrew, so no claims for a new invention are made here. Even so, this eminently secular building, laid out so as to comprise four spacious ranges of apartments, each with its own staircase and corridor leading to the centrally located great hall, is worthy of benevolent consideration.

Corinthian columns rise through the two storeys of the façade. Encircled by the four roofs of the wings, and surmounting the hall, is a further storey, this time all'italiana and roofed over with a stepped dome.

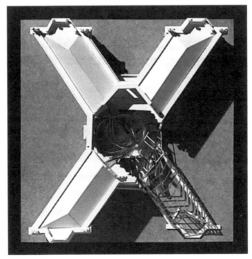

Marc Böhnke

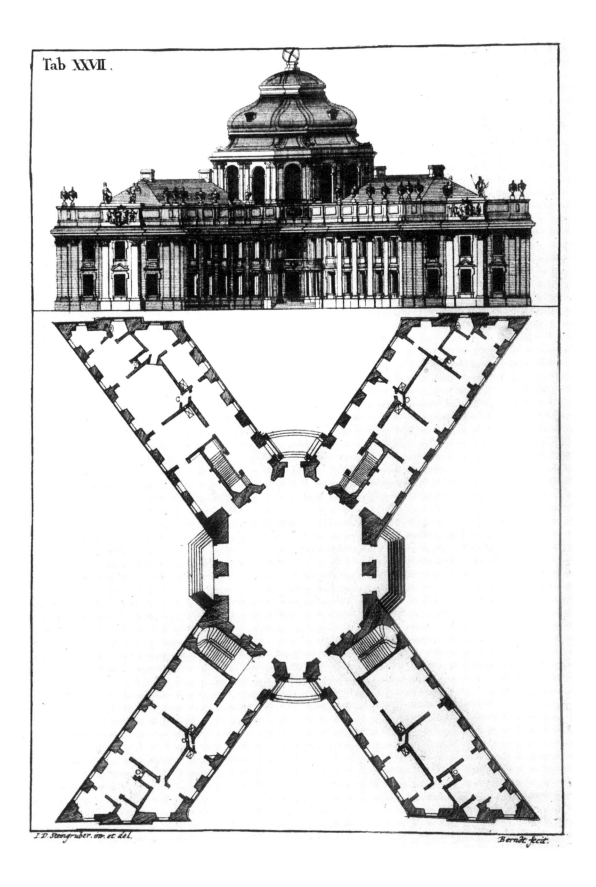

Tab XXVII.

I.D. Steingruber. inv. et del.

Berndt fecit.

Second X

La description précédente de la lettre X montre des cages d'escalier de deux sortes, d'une part avec des accès au grand hall indépendants de celui des appartements privés et d'autre part avec des escaliers menant directement aux cabinets. Dans le second plan en X, puisque le hall central possède une sorte de double vestibule à travers lequel, de façon symétrique, on crée une communication directe et sans coupure entre les quatre couloirs des quatre appartements, de sorte que nombre de personnes peuvent occuper confortablement les quatre ailes.

Pour changer du plan précédent, la coupole est différente d'aspect.

Zweyter Buchstaben *X.*

Nach der Beschreibung des vorstehenden Buchstabens *X* hat die zweyerley Stiegen-Anlagen, auf den einen halbenTheil das *Degagement* vom Saal denen Zimmern völlig abgeschnitten, hingegen die andere durch ein *Cabinet* wieder geöffnet; nach dem 2ten Riß aber da der Saal in der Mitten unten und oben zweyerley Vorplätze angeleget- andurch auf eine *regulaire* Art sowohl von denen 4 Gängen, als auch von denen Zimmern die *Enfilade* bewirket worden, wornach in denen 4 Flügeln eben so viele Herrschafften ganz *commod logi*ret werden könnten.

Der Aufriß ist zur Abwechslung gegen den Erstern mittelst einer veränderten *Cupel* aufgezogen worden.

Second X

The description for the preceding letter X mentions the flights of stairs – these of two kinds, in one half-section with access to and from the great hall quite independent of the wings containing the private rooms, but in the other half with further access by stairway to a cabinet. In the second plan for X, since the central hall has a kind of double vestibule at both top and bottom through which, in symmetrical fashion, there is direct and uninterrupted communication between the four corridors and the apartments, just as many personages can be furnished with comfortable residence in the four wings.

As a variation on the first plan, the cupola is of a different design.

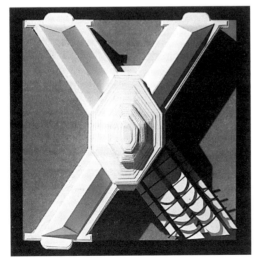

Ingo Stuckenbrock

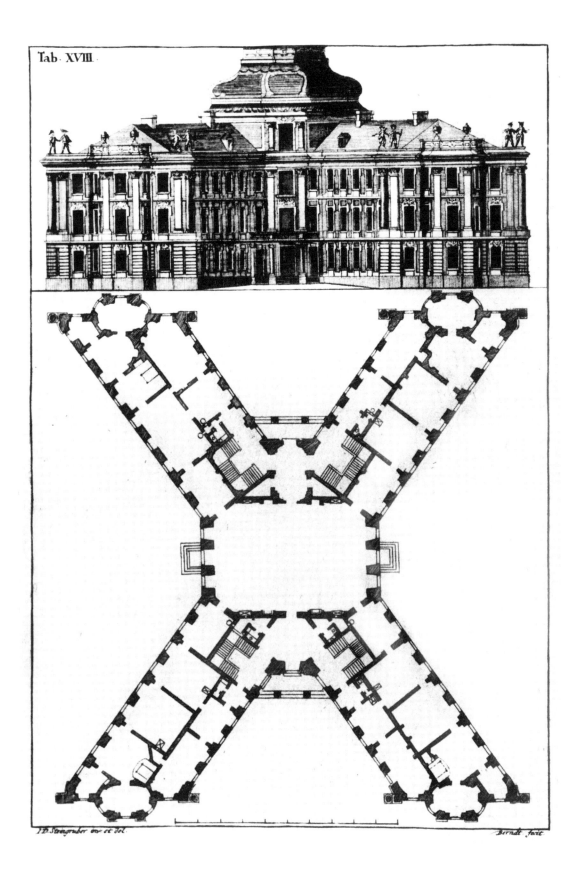

Tab. XVIII.

J.D. Steingruber inv. et del.

Berndt fecit.

Y

Construire selon la forme de cette lettre relève encore de l'exercice de style. Bien que le plan présente suffisamment d'espace, utilement distribué, pour recevoir des personnes de qualité, l'intersection des trois ailes pose plusieurs problèmes. Étant donné que cette zone peut accueillir un hall principal oblong de forme hexagonale, il faut prévoir pour le côté le plus important, aussi bien que pour les angles qui forment la jonction des deux ailes supérieures, une vue et un éclairage suffisants.

L'élévation frontale montre un perron central non couvert menant à l'étage situé au-dessus du sous-sol. Les deux étages supérieurs et les angles du bâtiment sont embellis par des murs de refends, mais de l'autre côté, la façade est simplement traitée.

Buchstaben *Y.*

Das *Dessein* auf diesen Buchstaben ist wieder von einer solchen Art, daß darauf ankommt ein Gebäude hiernach anzulegen; ob schon nach der Eintheilung vor große Herrschafften zu *logi*ren, Gelaß genug wäre; und weilen in Zusammen Schneidung derer dreyerley Flügel sich vielerley Schwürigkeiten gefunden, am Ende den Platz dergestalten ausgeschnitten und dahin einen ablang 6eckichten Saal angeleget, welcher von denen 2 Haupt-Seiten und von oben im Winkel der beeden obern Flügel Aussicht und Hellung genug bekommen würde.

Der Aufriß ist von vornen mittelst einer offenen Stiegen auf einen *Soubassement* und auf diesen 2 Stockwerk und die Eck mit *Refends* das übrige aber ganz leicht aufgezogen worden.

Y

Designing on this letter-form is again a matter of producing some kind of edifice on a given pattern. Even though there is space enough, suitably divided, to accommodate personages of quality, the intersection of the three wings presents several problems. Yet the area of intersection may be utilized as a basically oblong-hexagonal main hall, from the two most important sides of which, as well as from the angle at the junction of the two upper wings, there will be sufficient view and sufficient daylight.

The front elevation shows a central uncovered flight of steps rising above a sou-bassement. The two upper storeys and the corners ofthe building are embellished with refends, but otherwise there is only simple surface treatment.

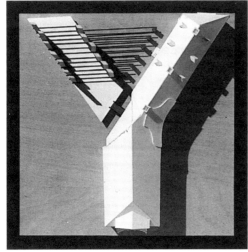

Andrea Lehmann

Michael Backhausen

Machado Ferreira

Tab.XXIX.

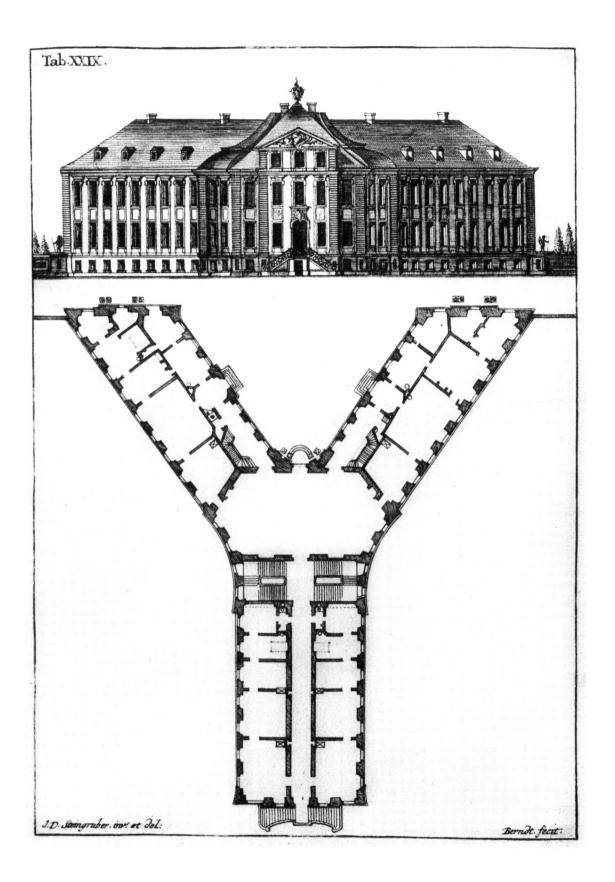

J.D. Steingruber. inv. et del.

Berndt. fecit.

Z

Sans aucun doute, le caractère de cette dernière lettre est tel qu'elle souffrira encore du handicap de n'avoir jamais servi comme modèle pour établir le plan d'un palais. Mais, en raison d'un portail placée au centre et ouvrant sur un hall d'entrée voûté supporté par quatre piliers, les escaliers principaux sont placés de telle sorte qu'ils sont immédiatement perçus de chaque côté, occupant un espace relativement réduit dans des angles presque inutilisables. Afin d'embellir la forme de la lettre les angles extérieurs aigus sont raccordés à la façade par des murs incurvés. Deux salons circulaires prennent place dans ces deux coins, alors qu'à l'extrémité des ailes se trouvent deux bureaux en angle aigu, tous ces arrangements étant faits de telle sorte que quatre propriétaires de qualité puisse être confortablement logés à chaque étage.

La façade s'élève sur un socle sur lequel s'appuient des colonnes ioniques qui montent sur les deux étages. Ceux-ci sont surmontés de combles incluses dans un toit à la Mansard. Et c'est ainsi que, en doublant même une lettre ici ou là, nous somme parvenus, comme promis, à parcourir tout l'alphabet.

Z.

Ohne Zweifel wird die Anlage von dem letztern Buchstaben ebenfals den Gegenstand leiden müssen, wie hiernach kein Schloßgebäude anzulegen seye; obschon bey dem mittlern Eingang sowohl als der hintern auf 4 Säulen gewölbten Durchfahrt die Hauptstiegen dergestalten angeleget, daß solche auf beeden Plätzen alsobalden in das Gesicht fällt, und nicht viel Raum wegnimmt, weilen diese in den fast unbrauchbaren Winckel angeleget worden, und zur Zierde des Buchstabens die vordere spitzige Winkel mittelst eines Bogens in etwas abgeschnitten, und in beede Eck runde *Cabinets* angebracht, auch durch Zusammenschneidung ermelden Winckels die Zimmer mit gebrochenen Ecken, überhaupt die Einrichtung dergestalten ausgefallen, daß in jeder *Etage* 4. Herrschaften ganz gemächlich logirt werden könnten.

Die *Facade* ist auf einen erhöheten *Socle;* und hierauf durch die zwey erstern Stockwerck mit *Ioni*schen *Pilastres* und hierüber noch eine *Attique* aufgezogen und diese mit einen Dach *a la Mansarde* bedecket, und andurch mittelst einiger doppelten Buchstaben, das ganze *Alphabet* versprochener maßen geschloßen worden.

Z

Undoubtedly the character of this last letter is such that again it suffers from the disadvantage of never having served, so far, as basis for a palace plan. But by way of the centrally-placed entry and vaulted entrance hall beyond it, supported on four pillars, the main stairways are so arranged that they are immediately perceptible from both sides, and take up little enough of the available space as they are fitted into otherwise almost unusable angles; and in order to beautify the form of the letter, the sharp, outer corners are somewhat blunted by linking curves. In both corners of the building are round cabinets, and within the apices of these same angles are rooms with broken angles, all these adjustments working out in such a fashion that four lordly households could be conveniently lodged in each étage.

The façade stands on a raised socle, and Ionic pilasters rise through the first two floors. There is an attic storey above, and a roof à la Mansarde. So herewith, and even with duplication of letters here and there, the whole alphabet is completed as promised.

Tab·XXX.

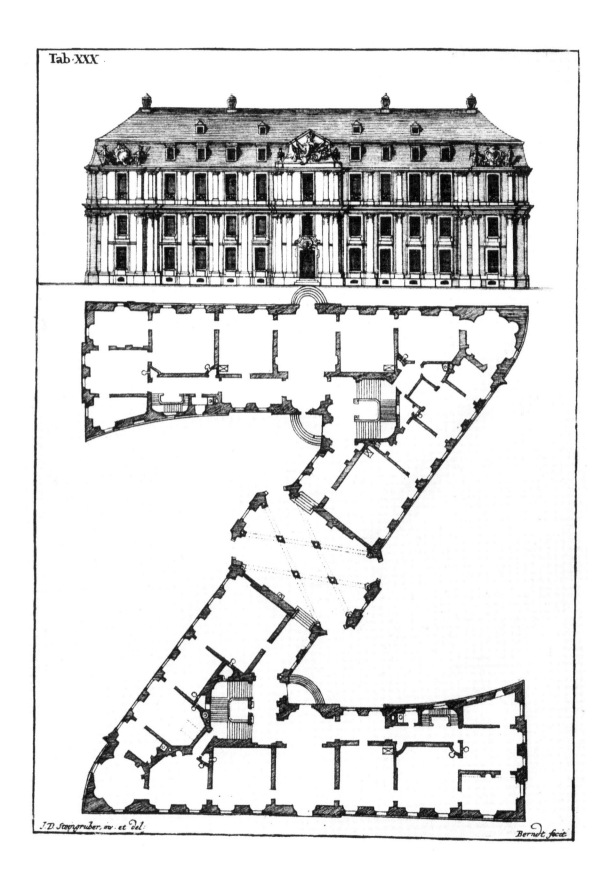

J.D. Steingruber, inv. et del.

Berndt fecit

Johann David Steingruber

(1702–1787)

Avec le retour à l'Antiquité qui marqua la période de la Renaissance, la géométrie connut un regain d'intérêt. Dans ses *Eléments* (en grec: *Stoicheia*), Euclide (IVème – IIIème siècle avant J.C.) avait déjà donné une base systématique et scientifique à cette partie des mathématiques qui s'intéresse aux particularités des figures, indépendamment de leur position sur un plan ou dans l'espace. La nouvelle ère marquée par l'humanisme reprit cette problématique à son compte et tenta de ‹décrire›, c'est à dire de résoudre, différentes questions de géométrie par des constructions où l'on avait recours à la règle et au compas. Ces deux instruments devinrent ainsi les outils par excellence de la géométrie.

Le compas et la règle, désignée autrefois sous le nom d'équerre, sont aussi les instruments des typographes, ces artistes qui, à l'aube des temps modernes, et dans un même mouvement de retour aux sources antiques, s'intéressent à la capitale romaine. Ils veulent mettre un frein à la ‹sauvagerie› gothique de l'écriture et, par un recours à la géométrie, domestiquer la forme libre. Il est significatif à cet égard que la fin du troisième livre d'Albrecht Dürer (1471–1528) consacré à l'écriture et intitulé *Vnderweysung der messung, mit dem zirkel vnd richtscheyt in Linien ebenen vnnd gantzen corporen...* (1525) contienne un traité sur le développement et le tracé des caractères romains à l'aide d'un compas et

Durch die Wiederbegegnung mit der Antike in der Renaissance begann man sich erneut für geometrische Fragen zu interessieren. Der Teil der Mathematik, der sich mit den Eigenschaften der Figuren unabhängig von deren Lage in der Ebene oder im Raum beschäftigt, hatte in den Elementen *(griech.* Stoicheia*) des Euklid (4./3. Jh. v. Chr.) bereits eine systematisch-wissenschaftliche Form erhalten. Auf sie und die dort aufgeworfenen Probleme besann sich das neue Zeitalter des Humanismus und versuchte, diverse geometrische Fragen durch Konstruktion mit Zirkel und Lineal zu ‹beschreiben›, sprich zu lösen. Diese beiden Instrumente wurden in der Geometrie die Werkzeuge schlechthin.*

Zirkel und Lineal, früher Richtscheit genannt, sind zum andern auch die Werkzeuge der Typographen, sprich all jener Künstler, die mit Beginn der Neuzeit und ebenfalls in Wiederbegegnung mit der Antike sich um die römisch-lateinische Kapitalschrift bemühten. Sie wollten der gotischen ‹Verwilderung› der Schrift Einhalt gebieten und durch Geometrisierung eine Zähmung der freien Formen erreichen. Bezeichnenderweise steht am Ende des dritten Buches von Albrecht Dürers (1471–1528) großem kunstschriftstellerischem Werk mit dem Titel Vnderweysung der messung, mit dem zirckel vnd richtscheyt in Linien ebenen vnnd gantzen corporen... *(1525) eine Abhandlung über die Entwicklung und Konstruktion einer Antiquaschrift mittels Zirkel und Lineal. Das von der neuen geometri-*

The rediscovery of antiquity during the Renaissance led to a renewed interest in geometrical questions. This branch of mathematics concerned with the properties of figures independent of their position on a plane or in space had already received systematic scientific form in the *Elements* (Gr. *Stoicheia*) by Euclid (4th to 3rd century B.C.). The new era of humanism pondered anew both geometry and the questions it had brought up, and attempted to ‹describe› or solve various geometrical problems by means of ruler and compass. These two instruments became the undisputed tools of geometry.

The compass and ruler, sometimes referred to as a straight edge, are also the tools of the typographer, or indeed of any of the artists who at the dawning of modern times became engrossed in Roman-Latin capitals under the sway of this new encounter with antiquity. They wanted to tame and curb the free forms of the Gothic script, which were starting to ‹run riot›, by means of geometrisation. It is significant that at the end of the third book of Albrecht Dürer's (1471–1528) great work on the art of writing entitled *Vnderweysung der messung, mit dem zirckel vnd richtscheyt in Linien ebenen vnnd gantzen corporen...* (1525), there is a treatise on the development and construction of a roman type using compass and straight edge. Curiously, although this manual for budding painters,

d'une règle. Ce manuel destiné à ceux qui voulaient se consacrer à l'art de la peinture, de la perspective et de la typographie et largement inspiré par le nouvel engouement pour la géométrie était, il est vrai, composé dans une antique allemande (Fraktur) qui devait son origine à l'initiateur de la calligraphie allemande, Johann Neudörffer l'Ancien (1497–1563). Mais cela n'enlève rien au mérite de ce maître qui, non sans virtuosité, s'est aussi penché sur l'application de la géométrie à l'écriture et sur la construction de lettres latines.

Enfin la règle et le compas sont aussi les instruments du constructeur et de l'architecte, que l'on peut parfaitement concevoir comme des artistes de la perspective et, par analogie avec la géométrie (cf. géomètre), comme des arpenteurs de l'espace. Ses corps et ses figures développés dans l'espace sont, surtout depuis la redécouverte de l'antiquité au cours de la Renaissance, conçus à partir de droites et de cercles, de verticales et d'horizontales, d'ellipses, de parallèles et de polygones, tout comme les lettres de l'alphabet. L'architecture est une façon de mesurer l'espace, une typographie dans l'espace. Chaque bâtiment est une lettre imaginaire, chaque ville un texte.

Rien de plus évident donc que de réunir la géométrie, la typographie et l'architecture. C'est effectivement ce que l'on trouve dans cet *Architectonische Alphabet*, paru à Schwabach en 1773. Il est l'oeuvre de David Steingruber (1702–1787), fils d'un maître maçon de Wassertrüdingen an der Wörnitz près de Dinkelsbühl, qui avait été appelé à Ansbach, cour princière de la lignée franconienne des Hohenzollern, en 1727. Après quelques années de voyages qui l'ont conduit le long du Rhin où il participa à la construction des châteaux de Mannheim et de Rastatt, il devint inspecteur des monuments à la cour et

schen Leidenschaft stark infizierte Lehrbuch für den angehenden Maler, Perspektiv- und Schriftkünstler war allerdings in einer Fraktur gesetzt, die vom Begründer der deutschen Schönschreibkunst, von Johann Neudörffer d.Ä. (1497–1563) stammte. Nichtsdestoweniger hat auch dieser Meister sich mit Lineal und Zirkel auf virtuose Weise um die Geometrisierung der Schrift und die Konstruktion lateinischer Buchstaben verdient gemacht.

Zum Dritten ist das Richtscheit und der Zirkel ein Werkzeug des Baumeisters und Architekten, den man durchaus als Perspektivkünstler und in Analogie zur Geometrie (= Landvermessung) als Raumvermesser verstehen kann. Seine fertigen Corpora und Figuren im Raum sind schließlich wiederum besonders seit der Wiederbegegnung mit der Antike in der Renaissance wie die Buchstaben aus Geraden und Kreisen, aus Waag- und Senkrechten, Elipsen, Parallelen, Drei- und Vielecken entwickelt. Architektur ist Raumvermessung, ist Typographie im Raum. Jedes Gebäude ist ein imaginärer Buchstabe, jede Stadt ein Text.

Was lag näher, die Geometrie, die Typographie, die Architektur einmal direkt zusammenzubringen. Das Ergebnis ist das hier vorgestellte Architectonische Alphabeth, das im Jahre 1773 in Schwabach erschienen ist. Entworfen hat es Johann David Steingruber (1702–1787), der Sohn eines Maurermeisters aus Wassertrüdingen an der Wörnitz bei Dinkelsbühl, der im Jahre 1727 an den fürstlich brandenburgischen Hof nach Ansbach berufen wurde. Dort stieg er – einige Wanderjahre an den Rhein, wo er an den Schlossbauten von Mannheim und Rastatt mitarbeitete, lagen hinter ihm – bald zum Hof- und Landbauinspektor und zum leitenden Architekten des ansbachischen Hofbauamts auf. In nahezu 60jähriger Tätigkeit nahm Steingruber erheblichen Einfluss auf das Stadtbild der kleinen Residenz. Von den in der zweiten Hälfte des 18. Jahrhunderts neuerrichteten Wohnhäusern

scenographers and typographers was strongly infected by the new passion for geometry, it was set in a Gothic type that originated from the founder of German calligraphy, Johann Neudörffer the elder (1497–1563). Be that as it may, this master had also done great service through his virtuosity in geometrising writing by means of compass and straight edge and thus constructing Latin letters.

A third user of compass and straight edge is the master builder and architect, who may quite legitimately be viewed as a scenographer and, in analogy to geometry (= land surveyance), space surveyor. After all, since the reappraisal of antiquity during the Renaissance, his completed corpuses and figures in space have come, like the letters, to be developed once more from straight lines and circles, vertical and horizontal lines, ellipses, parallels, triangles and polygons. Architecture is space surveyance, is typography in space. Every building is an imaginary letter, every town a text.

What could be more obvious than to bring geometry, typography and architecture together. The result is the *Architectonisches Alphabeth* presented here, which appeared in Schwabach, Germany, in 1773. It was devised by Johann David Steingruber (1702–1787), the son of a master mason from Wassertrüdingen an der Wörnitz near Dinkelsbühl who in 1727 was called to the court of the Prince of Brandenburg in Ansbach. He had already spent his years of apprenticeship by the Rhine, where he had assisted in the construction of the palaces at Mannheim and Rastatt, and soon rose to the position of court and public surveyor and first architect of the prince's board of works at Ansbach. During almost 60 years of active work Steingruber exerted no small influence on the features of the small residency. The lion's share of the residential buildings erected

architecte en chef à la cour de Ansbach. Son activité, qui s'étend sur près de soixante années, a profondément modelé le visage urbain de cette petite résidence. Dans la seconde moitié du XVIIIè siècle, Steingruber a pris une part prépondérante dans la reconstruction des maisons d'habitation de Ansbach. Aujourd'hui encore, de nombreux bâtiments – châteaux, églises, écoles, maisons d'habitation – témoignent de sa grande activité dans tout le margraviat de Ansbach et en Franconie moyenne.

Mais Steingruber ne se contenta pas de cette abondance de réalisations. Il est l'auteur de nombreux projets architecturaux qui n'ont jamais vu le jour mais sont rassemblés dans des ouvrages ayant une grande valeur didactique, comme son *Architecture Civile* (vers 1748) ou son *Pratica bürgerlicher Baukunst* (1763). Les plans et les esquisses rassemblés dans ces ouvrages sont complétés par une liste de directives et des évaluations financières en forme de devis: *Abdruck Eines... Ausschreibens... Samt nützlichen Anmerkungen...* (1753). Mais son *Architectonisches Alphabeth*, ouvrage qu'il a publié à compte d'auteur en 1773, se distingue nettement de ses manuels à usage pratique. Plus qu'une simple curiosité, c'est la preuve d'une grande liberté d'imagination de la part d'un architecte. Et pourtant, même dans ce domaine qui peut sembler très particulier, Steingruber nous révèle sa maîtrise des proportions; et si ses projections ont quelque chose de fantastique en dépit de leur simplicité classique, cela est surtout dû à l'irrégularité et la singularité des plans qui doivent s'adapter à la forme des lettres. Ce livre luxueux contient ainsi trente constructions de style princier, présentées en plans et en projections; on trouve aussi, sous forme d'hommages, quelques plans avec les monogrammes de la margravine Friederica Carolina et du margrave Christian Friedrich Carl

Ansbachs entstand der Löwenanteil nach Steingrubers Entwürfen. Auch in der gesamten Markgrafschaft Ansbach und in Mittelfranken zeugen noch heute zahlreiche Schloss-, Kirchen-, Wohn-, Schul- und Rathausbauten von seiner rastlosen Tätigkeit.

Die Fülle realisierter Bauvorhaben genügte Steingruber jedoch nicht. Er lieferte auch Pläne

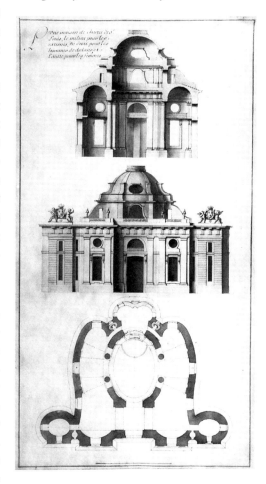

zuhauf für Architektur, die nicht gebaut wurde, zuvörderst in Buchwerken, die als Lehrbücher gelten können, so in seiner Architecture Civile *(o.J., um 1748) oder in seiner* Practica bürgerlicher Baukunst *(1763). Die dort versammelten Entwürfe finden sich ergänzt durch die Publikation amtlicher Vorschriften nebst Mustervoranschlägen für Baukostenberechnungen:* Abdruck Eines... Ausschreibens... Samt nützlichen

during the latter half of the 18th century were built according to Steingruber's plans. To this day a host of castle, church, residential, school and civic buildings across the whole of the Margravate of Ansbach and in middle Franconia testify to his restless activity.

Yet this wealth of finished building projects did not suffice Steingruber. He also pro-

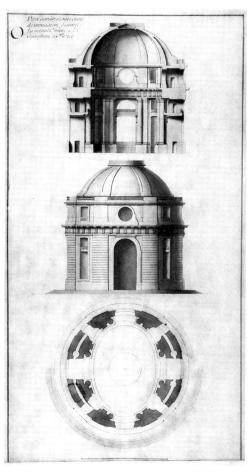

duced scores of plans for architecture that was never to be built, first of all in books which can be regarded as manuals, as in his *Architecture Civile* (undated, approx. 1748) or his *Practica bürgerlicher Baukunst* [= Practical course in civil architecture] (1763). The designs collected in these works were supplemented by a publication containing official regulations and standardised computations

Alexander. Ces petits bâtiments de papier ont sans doute flatté la vanité de ce petit potentat, qui pouvait ainsi donner corps à des prétentions que la réalité lui interdisait de réaliser. Son réalisme fantastique, toujours soumis aux lois des exigences matérielles, ne l'a pas empêché de penser aux différentes commodités de ces constructions imaginai-

Anmerkungen... (1753). *Das Werk, das er jedoch 1773 auf eigene Kosten herausbrachte, ein* Architectonisches Alphabeth, *entfernte sich von der praktischen Ausrichtung seiner übrigen Lehrbuchwerke auf auffällige Weise. Es ist seither mehr als ein Kuriosum, denn als das Spiel freier architektonischer Phantasie im Umlauf. Dennoch zeigt Steingruber selbst in der scheinbaren*

for building quantities: *Abdruck Eines... Ausschreibens... Samt nützlichen Anmerkungen...* [= Copy of an invitation for tenders... complete with useful notes] (1753). However, he was to depart in quite spectacular fashion from the practical world of his other manuals in a work that he published in 1773 at his own expense, his *Architectonisches Alphabet.*

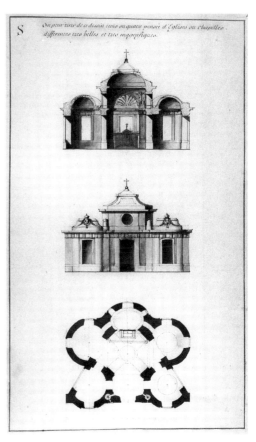

res. «Pourquoi serait-il injuste», écrit Steingruber dans son avant-propos, «de concevoir des bâtiments d'après les initiales» de leur occupants, alors qu'il y a «tant d'églises et de couvents célèbres qui sont dédiés à des saints?»

Steingruber ne fut ni le premier ni le dernier à faire de la typographie en géomètre, même s'il fut le plus conséquent de tous. Il se trompe quand il note dans son introduction aux lecteurs que, «pour autant qu'il sache,

Kuriosität dieses Alphabets seine Meisterschaft in Abschätzung der Proportionen, und nur wegen der buchstabenbedingt unüblichen, ja irregulären Grundrisse muten die Aufrisse trotz klassizistischer Schlichtheit ziemlich phantastisch an. Dreißig solche Bauten, und zwar fürstliche Wohnbauten in Grund- und Aufriss, enthält der Prachtband; daneben finden sich als Dedikation einige Pläne mit den Monogramm-Buchstaben der Markgräfin Friederica Carolina und des

Up till now it has done the rounds more as a curiosity than as a display of the free play of architectural imagination. Nevertheless, even in the apparent curiousness of his alphabet Steingruber shows his mastery in estimating the proportions, and it is only the uncustomary, or indeed irregular ground-plans dictated by the letters that make the elevations seem, for all their classical simplicity, rather fantastic. This magnificent volume contains thirty such buildings – royal residential buil-

73

personne n'a encore eu l'idée de faire des plans d'après l'alphabet latin, à partir duquel j'ai tenté, à mes heures perdues... de fait une épure selon chaque lettre,» C'est ainsi qu'à peu près à la même époque, en 1774, l'architecte strasbourgeois Anton Glonner, fit le plan d'une église de jésuites et de sa collégiale à partir du monogramme de Jésus IHS (cf. p.30). L'architecte anglais John Torpe (1568–1620) a lui aussi imaginé les plans de sa propre maison à partir des initiales de son nom: I et T. Le Moyen Age finissant a lui aussi connu cette façon de jouer sur l'alphabet et nous a laissé un alphabet architectonique datant de 1450 environ; il est vrai qu'il n'est composé que de parties du réseau, les lettres ne représentant pas les plans et les projections d'un bâtiment complet. Mais personne ne s'est plus rapproché des intentions de Steingruber que le Français Thomas Gobert (1625–1690). Près d'un siècle avant Steingruber, cet architecte qui résidait à la cour du Roi Soleil, comme Steingruber résidait dans une petite cour princière, avait tenté d'élaborer un tel alphabet dont il utilisa quand même les onze lettres de base. Cet architecte issu d'une famille d'artistes aux talents variés, qui a surtout oeuvré à Fontainebleau et à Paris, entra au service du roi à partir de 1664 et devint membre de l'Académie royale d'Architecture en 1680. C'est de cette époque que date son hommage à Louis XIV. Ce splendide ouvrage de grand format, qui se trouve actuellement à la Bayerische Staatsbibliothek de Munich, a pour titre: *Traité d'architecture, dédié à Louis XIV*. Outre le traité proprement dit, illustré d'exemples en images, ce livre renferme deux particularités: un gigantesque pliage avec une statue du roi; et un «jeu d'esprit en architecture» pour reprendre les termes de l'auteur, développé sur douze grandes planches. Ce jeu d'esprit, qui porte le titre honorifique de

Markgrafen Christian Friedrich Carl Alexander. Diese Denkmäler, von Papier erbaut, mögen dem kleinen Potentaten geschmeichelt haben, denn durch sie konnte er wenigstens in der Phantasie Ansprüche realisieren, die sein kleines Fürstentum nie wirklich auszuführen im Stande gewesen wäre. Den Architekten riss dennoch seine Phantasie soweit mit sich, dass er an eine Möglichkeit zur Ausführung der Pläne glaubte. Immerhin dachte er in seinem phantastischen Realismus, stets gezügelt durch eine schon stark spürbare Aufklärungsökonomie, sogar an Einheiz-Stätten und Sanitär-Cabinets. Warum, so äußert sich Steingruber im «Vorbericht», sollte es ein «unrechter Gedanken seyn, wann dergleichen Gebäude auch nach dero Nahmens Buchstaben» ihrer Bewohner angelegt würden, wo doch «so vielen Patronen und Heiligen ansehnliche Kirchen und Clöster geweyhet worden sind».

Steingruber war nicht der Erste und Einzige, wenn auch der Konsequenteste in Angelegenheiten typographischer Raumvermessung. Er täuscht sich, wenn er in seiner Einleitung an den Leser vermerkt, dass nach seinem «Wissen noch Niemand auf den Einfall gerathen» ist, «Risse nach Anleitung des Lateinischen Alphabets zu verfertigen, wovon ich bey müssigen Stunden ... einen Versuch gemacht, und über jeden solcher Alphabet-Buchstaben einen Riß in Folio aufgezeichnet habe.» Zu gleicher Zeit wie Steingruber entwarf zum Beispiel 1774 der Straßburger Architekt Anton Glonner über dem Jesus-Monogramm IHS eine Jesuitenkirche und ein zugehöriges Kollegium (cf. Seite 30). Auch der englische Architekt John Thorpe (1568–1620) hatte für sich selbst ein Wohnhaus geplant, das aus den Initialen I und T seines Namens gebildet war. Eine spielerische Alphabetvariante kennt auch das späte Mittelalter, das aus der Zeit um 1450 ein Architekturalphabet überliefert hat; es besteht allerdings nur aus Teilen des Maßwerks, und die Buchstaben bilden kein ganzes Gebäude in Grund- und Aufriss ab. Niemand aber kam

dings shown in ground-plan and elevation; apart from these, several plans have been included as dedications to the margravine Frederica Carola and the margrave Christian Friedrich Carl Alexander based on their monogram letters. These monuments made of paper may well have flattered the little potentate, for they allowed him to realize, in his imagination at least, ambitions that he would never have been able to achieve in his small principality. But the architect was sufficiently caught up in his imagination to be-

lieve that his plans could be realized. At any rate, for all his fantastic realism – constantly checked by the clearly perceptible spirit of economy that attended the Enlightenment – he did not neglect including the stoking rooms and sanitary closets. Why, as Steingruber puts it in his preamble, should it be «an unworthy idea for such buildings to

«LOVIS LE GRAND», donne à chaque lettre du texte la forme d'un bâtiment royal avec un plan accompagné d'une projection et d'une représentation. D'après Josef Ponten (*Architektur die nicht gebaut wurde*. Berlin/Leipzig, 1925), ces délicats dessins sont peut-être ce qu'il y a de plus remarquable et de plus fou dans le domaine de l'architecture non réalisée, là où la part du jeu et l'originalité sont les plus marquées.

Mais tout comme à Ansbach, le pouvoir du Roi Soleil avait aussi ses limites: «Lovis le

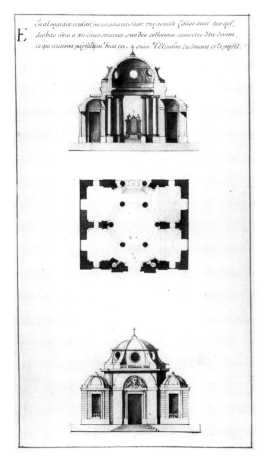

Grand» a été aussi peu écrit, c'est à dire aussi peu réalisé, que l'alphabet de Steingruber, dont le texte n'a jamais été converti en pierre et en mortier. Les esquisses de Gobert, bien que ‹concrètes› et ‹constructibles›, doivent seulement être interprétées comme la

Steingrubers Intentionen so nahe wie der französische Architekt Thomas Gobert (1625–1690). Er hatte sich knapp 100 Jahre früher am Hofe des französischen Sonnenkönigs auf ähnliche Weise wie Steingruber bei seinem Provinzfürsten in Sachen Architekturalphabet versucht und brachte es immerhin schon auf elf Grundbuchstaben. Der Baumeister, der aus einer weitverzweigten Künstlerfamilie stammte, die vor allem in Fontainebleau und Paris tätig war, kam nach 1664 in den Dienst des Königs und wurde 1680 Mitglied der «Academie royale d'architecture». Um diese Zeit ist seine Huldigungshandschrift für Ludwig XIV. entstanden. Der großformatige Prachtband, der sich heute in der Bayerischen Staatsbibliothek in München befindet, ist betitelt: Traitté d'Architecture, dedié à Louis XIV. *Er enthält neben der eigentlichen Abhandlung in Bildbeispielen zwei Merkwürdigkeiten: ein riesengroßes, ausklappbares Leporello mit einer Königsstatue und auf zwölf ganzseitigen Tafeln ein, so der Autor selber, «jeu d'esprit en architecture». Dieses geistreiche Spiel mit dem Ehrennamen «LOVIS LE GRAND» gestaltet jeden Buchstaben des Textes als ein königliches Gebäude in einem Grundriss, dem zugehörigen Aufriss und der Ansicht. Die feinen Bauzeichnungen stellen vielleicht, so Josef Ponten (*Architektur die nicht gebaut wurde. Berlin/Leipzig 1925), das Merkwürdigste «an ungebauter Archtitektur, das Tollste, das am meisten Spielerische und Ausgefallene» (S.60) dar, was sich finden lässt.*

Auch der Macht des Sonnenkönigs waren wie der provinziellen Enge Ansbachs Grenzen gesetzt: «Lovis le Grand» wurde so wenig geschrieben, sprich ausgeführt, wie die Buchstaben von Steingrubers Architekturalphabet je zu Text aus Stein und Mörtel wurden. Als ‹praktisch› und ‹baubar› sind Goberts Entwürfe nur im Sinne einer spielerischen Demonstration fürstlich-absolutistischer Ansprüche zu lesen und zu verstehen. Ansonsten sind sie völlig jenseits der Zwecke, jenseits einer Möglichkeit in Stein. Ihr vermutlich

be [laid out] according to the letters of the name» of their inhabitants, «when so many patrons and saints have had imposing churches and cloisters dedicated to them.»

Even if he was the most logically consistent, Steingruber was not only person or even the first to enter the realm of typographical space surveyance. He is deceiving himself when he notes in his preface to the reader that, according to his «knowledge, no one has thought till now of producing architectural plans based on the Latin alphabet, such as I have attempted in hours of leisure…and designed plans in folio format upon each of the letters of the alphabet.» At the same time as Steingruber (1774), the Strasbourg architect Anton Glonner devised for instance a Jesuit church and accompanying theological college superimposed on the Jesus monogram IHS (see p.30). Likewise the English architect John Thorpe (1568–1620) had planned a house for himself formed on the basis of his initials. Even the late Middle Ages had devised playful versions of the alphabet which resulted in the period around 1450 in an architectural alphabet: it was formed though solely by parts of the tracery, so that the letters did not create complete buildings in either their ground-plans or elevations. But none came as close to Steingruber's intentions as the French architect Thomas Gobert (1625–1690). Almost 100 years earlier he had worked in a similar way with architectural letters at the court of the «Roi Soleil» in France, and completed all of eleven letters. This master builder, who came from a large family with many branches involved in the arts, above all in Paris and Fontainebleau, entered the service of the king after 1664 and sixteen years later was elected to the «Academie royale d'architecture.» From this time dates a manuscript in homage to Louis XIV. This opulent tome is now in the keeping of

démonstration ludique des exigences d'un souverain absolu. D'ailleurs, elles ne correspondent en rien aux finalités et aux possibilités de la pierre. Il est vraisemblable que le seul et unique but visé par Thomas Gobert avec cette oeuvre dédiée au roi était de prouver ses capacités et d'étonner par un coup de maître pour obtenir une commande importante. Mais rien ne dit qu'il l'ait obtenue.

Bien que Steingruber ait tout ignoré des oeuvres de Gobert, il savait pertinemment que son art et ses travaux s'inscrivaient dans une certaine tradition. Il se considérait comme un adepte de la géométrie, qu'il considérait comme une soeur de l'architecture et

einziger Zweck: Thomas Gobert wollte durch die Prachthandschrift dem König seine Fähigkeiten mit einem Überraschungscoup unter Beweis stellen, um dann tatsächlich einen großen Bauauftrag zu erhalten. Von einem solchen ist allerdings nichts bekannt.

Obwohl Steingruber nichts von Goberts Entwürfen wusste, war er sich doch darüber im Klaren, in welcher Tradition seine Kunst und seine praktischen Arbeiten standen. Er erachtete sich als ein Jünger der Geometrie, die er als eine Schwester der Architektur empfand und die er im Kontext der auf die römisch-antike Kapitalschrift bezogenen Typographie betrachtete. Da das Frontispiz zum Titelblatt seines Alphabets mehr

the Bavarian State Library in Munich, Germany, and is entitled: *Traitté d'Architecture, dedié à Louis XIV.* Apart from the actual treatise, there are numerous illustrations which contain two curiosities: an enormous fold-out showing a statue of the king and, on twelve full-page plates, what the author terms a «jeu d'esprit en architecture.» This ingenuous game with the honorific «LOVIS LE GRAND» shapes each letter of the text into a royal building shown in a plan view, the corresponding elevation and the prospect. As Josef Ponten puts it (*Architektur die nicht gebaut wurde*, Berlin/Leipzig 1925, p.60), these fine construction drawings are perhaps

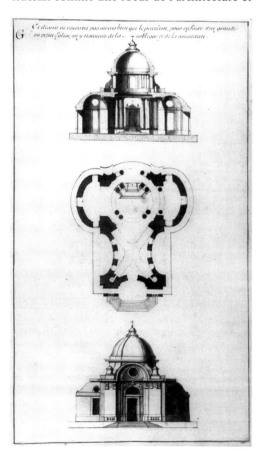

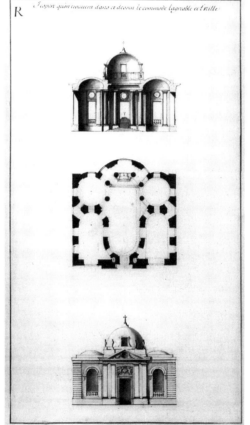

qu'il interprétait dans le contexte de la typographie rapportée aux capitales romaines. Dans la mesure où le frontispice de la page

als nur eine dekorative Verpackung ist, sondern auch eine visuelle Syntax besitzt, sich als Lesefläche versteht, bringt es auf ikonisch-metaphori-

the most curious, «the craziest, the most playful and most eccentric in unbuilt architecture» that is to be found.

The «Roi Soleil's» power was no less sub-

de titre de son alphabet est bien davantage qu'un simple ornement décoratif mais possède sa propre syntaxe visuelle et s'interprète comme une surface à lire, il révèle de façon icono-métaphorique ces données abstraites. L'arc de triomphe, sous lequel passe le lecteur/observateur pour pénétrer dans le monde architectural de l'alphabet de Steingruber, présente de façon implicite les principaux éléments géométriques (verticales, horizontales, cercles et demi-cercles, etc.) de toute appréhension de l'espace et de sa projection sur une surface plane. Les pilastres, qui supportent l'entablement, semblent faits de blocs de pierre. Ils ne sont bien sûr qu'un

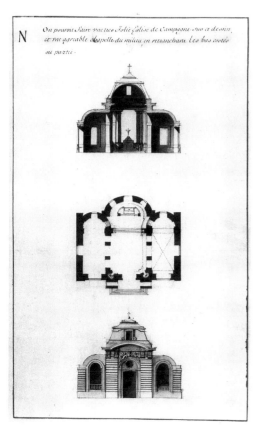

décor, car l'élément porteur est en fait le mur, qui peut être ici interprété comme la surface destinée à recevoir l'écriture et les signes. Sont à leur tout inscrits dans ces blocs les éléments d'un art typographique soumis à la

sche Weise diese abstrakten Sachverhalte zur Anschauung. Der Triumphbogen, durch den der Leser / Betrachter Steingrubers alphabetische Architekturwelt betritt, führt implizit die geometrischen Grundelemente (Waag- und Senkrechte, Kreis- bzw. Halbkreis etc.) aller Raumerfassung und ihrer Abbildung in der Fläche vor. Die das Gebälk tragenden Pilaster scheinen aus massiven Quadern errichtet. Sie sind natürlich nur Applikation, denn das eigentlich tragende Element ist die Wand, die hier durchaus auch als Schreib- und Zeichenfläche verstanden werden darf. Den Quadern eingeschrieben sind wiederum die Elemente einer der geometrischen Disziplin untergeordneten typographischen Kunst, die

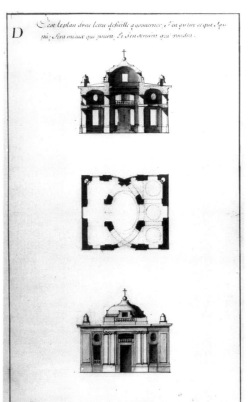

gleichwohl in semantischer Hinsicht ein übergeordnetes Repertoire der Weltauffassung darstellt. Der Grundtext folgt einerseits seiner eigenen willkürlichen alphabetischen Lese-Ordnung von links oben nach rechts unten, besitzt jedoch andererseits

ject to limits than that in the provincial confines of Ansbach: «Lovis le Grand» no more came to be written, which is to say built, than the letters of Steingruber's architectural alphabet ever became a text in mortar and stone. Gobert's designs can only be read and understood as ‹practical› and ‹feasible› in the sense of a playful demonstration of regalabsolutist pretensions. Apart from this they are totally removed from any functional purpose, from any possibility of realization in stone. So what presumably was their one purpose: Thomas Gobert wanted to take the king by surprise with this magnificent manuscript and give him proof of his abilities, and with that receive a large, and above all real, commission. We have no indication however that one was assigned to him.

Although Steingruber knew nothing of Gobert's drawings, he was quite clear in his mind in which tradition his art and his practical works stood. He saw himself as a disciple of geometry, which he regarded as a sister to architecture, and which he viewed in the same context as the typography that drew on Roman-antique capitals. The frontispiece of the title page to his alphabet is more than just decorative packaging, for it also possesses a visual syntax and is consciously a visual text, and thus demonstrates these abstract concerns in an iconic, metaphorical way. The triumphal arch through which the reader/viewer enters Steingruber's world of alphabetical architecture reveals implicitly all of the basic elements (perpendiculars and horizontals, circles or semicircles etc.) for grasping space and representing it on a plane. The pilasters that support the beams seem to be constructed of enormous ashlars. Naturally this is simply appliqué, for the actual supporting structure is the wall – which may quite reasonably be viewed here as also a surface for drawing and writing. Inscribed on

discipline typographique, qui représente toutefois, d'un point de vue sémantique, un répertoire supérieur de la conception du monde. Le texte fondamental obéit à son ordre propre, celui de la lecture alphabétique qui va de gauche à droite et de haut en bas, mais il possède aussi un sous-ordre des nombres faisant fonction de registre. Sur le fronton, au-dessus de la corniche, se trouvent les incontournables initiales des princes à qui sont dédiés ces travaux; de part et d'autre, à gauche et à droite, on peut voir les instruments et les outils des beaux arts, semblables à un commentaire en images, et qui, comme autant de figures plastiques, fêtent leur apothéose et donnent à l'ensemble à la fois sa conclusion et son éclat. Il est symptomatique que, dans l'ordonnancement de ces figures, Geometria et Sculptura occupent les positions extrêmes, que Architectura et Pictura soient plus rapprochées l'une de l'autre, mais que l'Architecture soit pourtant tournée vers la Géométrie, alors que la Peinture est en correspondance avec la Sculpture. L'ensemble apparaît comme un proliférant texte imagé qui s'associe au texte d'introduction de Steingruber, où il attire encore une fois l'attention du «grand et très honoré lecteur» sur ces rapports et lui fait comprendre de façon discursive pourquoi, selon notre mode de lecture occidental, Geometria occupe la partie supérieure, à gauche de son arc de triomphe érigé en l'honneur des «éléments». Ce texte est une brève histoire du développement de la géométrie: «Après Pythagore, ce fut au tour d'Anaxagore, Antiphon, Démocrite et Theodose de Bithynie, le maître de Platon, de se faire un nom par leurs inventions et leurs principes d'enseignement. Enfin vint Euclide, qui fut célèbre à Alexandrie et qui rassembla les principes dispersés, sous la protection d'un souverain d'Egypte de la dynastie des Ptolémée.»

auch eine beigeordnete Zahlenordnung, die die Funktion eines Registers hat. In der Attikawand über dem Gesims befinden sich die unumgänglichen Namensinitialen der fürstlichen Empfänger; links und rechts davon sind als ein bildlicher Kommentar die Instrumente und Werkzeuge der bildenden Künste zu sehen, die in der Attikabekrönung als vollplastische Figuren ihren Auftritt haben und dem gesamten Ensemble einen glänzenden Abschluss geben. Bezeichnend in den Zuordnungen der Figuren ist der Umstand, dass Geometria und Sculptura die Außenpositionen beziehen, dass sich Architectura und Pictura näher stehen, dass jedoch die Baukunst sich der Geometrie zuwendet, während die Malerei mit der Bildhaukunst korrespondiert. Das Ensemble ist der augenfällig verdichtete Bildtext zu Steingrubers Einleitungstext, in dem er den «Hoch- und Geneigtesten Leser» nochmals auf die Zusammenhänge hinweist und ihm diskursiv verdeutlicht, warum im Sinne unserer abendländischen Leserichtung Geometria die linke obere Stelle auf seinem Triumphbogen zu Ehren der «Elemente» einnimmt. Dieser Text ist eine kurze Entwicklungsgeschichte der Geometrie: «Nach dem Hintritt eines Pythagoras thaten sich daselbst durch ihre Erfindungen und Lehrsätze hervor Anaxagoras, Antipho, Democritus und Theodosius Sirenas, der Lehrmeister des Plato. Endlich kam Euclidus von Tyrus, welcher zu Alexandria berühmt war, und die zerstreuten Lehrsätze unter dem Schutz eines Ptolemæi Lagi in Egypten in eine Lehr-Art brachte.»

So sehr Steingruber sich der Tradition verpflichtet fühlte, der zum Zeitpunkt der Veröffentlichung seines alle Praxis sprengenden Alphabets bereits 71jährige Künstler übte sich mit diesem Werk keinesfalls in Konformität. Die Regeln seiner geometrischen Kunst hätten von ihm eine achsiale Ausrichtung seiner Gebäude im Sinne einer barock-klassizistischen Auffassung und damit einhergehend eine Unterwerfung der Buchstabenformen unter die alles beherrschenden

the ashlars are the elements of a typographical art that has been subordinated to the discipline of geometry, which in semantic terms simultaneously constitutes a superordinate repertoire within the overall world outlook. The basic text does not simply follow its own arbitrary reading sequence from top left to bottom right, for it is also furnished with a sequence of numbers that acts as a register. Set in the attic wall above the cornice are the indispensable initials of the royal recipient; to their left and right are the tools and instruments of the fine arts, which act here as a pictorial commentary that appear again on the attic crest as three-dimensional figures to form the glorious culmination of the overall ensemble. It is telling that the figures are arranged in such a way that while Geometria and Sculptura occupy the outside positions and Architectura and Pictura are closer together, Architectura is turned towards Geometria and Pictura is communicating with Sculptura. The ensemble is the clearly condensed caption to Steingruber's introductory text, in which he draws these connections once more to the attention of his «most honourable and gentle reader» and gives a discursive explanation of why Geometria occupies, in keeping with the direction in which we read in the West, the top left position on the triumphal arch honouring the *Elements*. This text is a brief history of the development of geometry: «After the demise of a Pythagoras, there did Anaxagoras, Antipho, Democritus and Theodosius Sirenas, Plato's teacher, distinguish themselves by their inventions and theorems. At last came Euclid of Tyre who was famed in Alexandria, and who under the protection of a certain Ptolomæ Lagi in Egypt united the scattered theorems to form a method of instruction.»

As much as Steingruber felt indebted to

78

Mais si Steingruber se reconnaissait une dette envers la tradition, cet artiste, qui avait alors 71 ans au moment où parut son singulier alphabet, a su sortir des sentiers battus. Selon les règles de son art, il aurait dû avoir recours à une exécution axiale pour ses bâtiments, suivant en cela la conception classico-baroque, et donc soumettre la forme des lettres aux lois toutes puissantes de la symétrie. Comme la forme même des lettres contredit généralement ce genre d'harmonie symétrique, Gobert eut l'idée de reproduire les lettres en double, par un effet de miroir. La lisibilité en souffre et les lettres finissent par ressembler à des signes hiéroglyphiques. Steingruber renonce à une telle exécution et ne se sert de ce procédé de dédoublage que pour les monogrammes des dédicaces. A la différence de ce que l'on peut voir chez son prédécesseur pratiquant aussi ces «jeux d'esprit», les lettres de son alphabet sont conçues sans recours à la symétrie, à l'exception de celles où cet axe est constitutif de la forme même (comme le W, le M ou le X).

Il y a une autre caractéristique, indispensable dans l'écriture des caractères romains classiques (didot), que Steingruber laisse de côté ou qu'il marque si peu que l'on se sent presque déjà de plain pied dans le XIXè siècle. Les empattements des lettres de son alphabet, cette composante essentielle à tous les caractères romains, sont à peine amorcés. Comme son projet d'architecte l'empêche de recourir à la différenciation entre tracé primaire et tracé secondaire, son alphabet a la simplicité d'une écriture bâton moderne, sans empattements, relativement grasse et assez uniforme dans les lignes. Le caractère massif est atténué par un fin ciselé provenant de la division baroque de l'espace, des enfilades et des nombreux escaliers.

Il est impossible de savoir si ce maître architecte a eu conscience de toutes ces dif-

Gesetze der Symmetrie gefordert. Da die Buchstabenformen solcher symmetrischen Ebenmäßigkeit zumeist opponieren, griff Gobert zu dem Trick, die Buchstaben als Ganzes einfach spiegelbildlich zu verdoppeln. Ihre Lesbarkeit litt entsprechend, und die Buchstaben wirken eher wie hieroglyphische Zeichen. Steingruber verzichtet auf solche Ausrichtung und bedient sich dieses Verdoppelungstricks nur noch für die Namensmonogramme der Dedikationen. Die Einzelbuchstaben seines Alphabets sind ungleich seinem Vorgänger in solch ‹geistreichen Spielen› ohne Symmetrien gestaltet, es sei denn, der Buchstabe bietet von sich aus Spiegelachsen an (etwa das W, das M oder das X).

Ein weiteres, für eine klassizistische Antiquaschrift unerlässliches distinktives Merkmal ignoriert Steingruber oder bildet es so schwach aus, dass man sich beinahe schon ins 19. Jahrhundert verwiesen fühlt. Sein Alphabet besitzt nur noch die Andeutung von Serifen, dem kleinsten gemeinsamen Nenner aller Antiquaschriften. Da ihm auch für eine Differenzierung in feine Haar- und dicke Grundstriche die baumeisterlichen Hände relativ gebunden sind, erzielt sein Alphabet bei reicher Gliederung in den Ansichten für die Umrissformen der Grundrisse die Schnörkellosigkeit einer modernen, serifenlosen, relativ fetten, in der Linienstärke eher gleichförmigen Groteskschrift. Ihre Blockhaftigkeit wird gemildert durch die feine Ziselierung, die durch die barocke Raumaufteilung, die Enfiladen und die vielen Treppenhäuser entsteht.

Ob dem Hof- und Landbaumeister diese aus der historischen Rückschau ins Auge fallenden Differenzen seinerseits in allen Nuancen gegenwärtig und bewusst waren, bleibe dahingestellt. Über eines war sich der alte Mann klar, der in seinem Leben so viele Baulichkeiten aller Art vom Papier zu räumlicher Anschauung brachte, dass «dergleichen irregulaire Beugungen, als die Buchstaben sind», der Einbildungskraft des Architekten belebend nachhelfen, denn es ist in der

this tradition, the 71 year-old artist was not exactly playing the conformist with his new alphabet, which went far beyond the conventions of his day. The rules of his geometrical art would have demanded that his buildings had an axial arrangement, in line with the Baroque-classicist conception, and thus parallel to the all-encompassing rules of symmetry. But since the shapes of the alphabet letters generally contrast with such symmetrical harmony, Gobert availed himself of the trick of doubling up the whole figures with the help of their mirror images. Their legibility suffered accordingly, for the letters seem more like hieroglyphics. Steingruber dispensed though with any such alterations, using the doubling-up trick merely for the name monograms in the dedication. Unlike those of his precursor in such ‹ingenious games›, he did not make the individual designs of the letters in his alphabet symmetrical, except of course where the letter already displayed bilateral symmetry (such as W, M or X).

Steingruber ignored a further distinctive and indispensable characteristic of the classical roman typeface, or he made it so minimal that the viewer almost has the feeling of being catapulted into the nineteenth century. His alphabet has no more than a hint of serifs, the lowest common denominator of roman types. And since his architectural hands are somewhat tied when it comes to making distinctions between fine hairstrokes and fat downstrokes, despite the richness of the structure of its prospects the outlines of the plan views have that lack of flourish normally associated with a modern, relatively bold grotesque with no serifs but with a relatively even breadth of line. Its block-like compactness is tempered by the fine chasing which is created by the baroque division of the space, the enfilades and the numerous staircases.

férences, qui sautent au yeux avec le recul du temps. Mais il y a une chose dont ce vieil homme, qui a su transposer tant de monuments de papier en spectacles dans l'espace, était persuadé: «les courbes des lettres, aussi irrégulières soient-elles», sont un précieux stimulant pour l'imagination de l'architecte, car en architecture «on est loin d'avoir dit tout ce que l'on peut dire sur l'architecture; et le chemin qui reste à parcourir est encore long.» Pour Steingruber, cet alphabet n'était donc pas une lubie de vieillard, il voulait au contraire faire oeuvre de découvreur, jeter hardiment des jalons pour l'avenir. Dans une critique adressée à l'architecture de son temps, il dit que «l'on ne change pas assez la forme des bâtiments, alors que les hommes sont si divers et variés dans leurs pensées. Ne serait-il pas temps d'arrêter d'être des épigones serviles de nos prédécesseurs. Il n'y a rien qui prouve autant chez nos architectes le manque de génie et la stérilité de l'imagination que cette monotonie qui règne sur toutes les constructions». En d'autres termes: même les constructions d'un alphabet ne doivent pas rester servilement enchaînées à une antiquité baroque ou à une variation classique sur l'antiquité.

Baukunst «noch nicht alles gesagt was von der Baukunst gesagt werden kan, es bleibet vielmehr noch ein weites Feld übrig». Steingruber verstand sein Alphabet also keinesfalls als eine Laune seines Alters, sondern er wollte damit durchaus Neuland betreten, einen Vorstoß und Vorgriff ins Zukünftige wagen. «Man wechselt», so seine Kritik an der Architektur der Zeit, «mit der Form der Gebäude nicht genug ab, obgleich die Menschen in deren Denkungsart sehr veränderlich seyn. Wollen wir nicht einmal aufhören, knechtische Nachfolger unserer Vorgänger zu seyn: Nichts beweiset bey unsern Architects den Mangel an Genie und die unfruchtbare Erfindungskrafft mehr, als das ewige einerley, welches in ihren Anlagen herrschet.» Dito: Auch die Anlage alphabetischer Gebäude muss nicht knechtisch an eine Barock-Antiqua oder eine klassizistische Antiquavariante gekettet sein.

It is an open question whether the court and public architect was really aware of every nuance of these differences, which are so striking when seen down the perspective of the centuries. But one thing was clear to the old man who had brought so many different kinds of building from paper to reality during his life, namely that «such irregular curves as are to be found in letters» are a lively stimulus to the architect's imagination, for «not everything has been said in architecture that could be said, indeed a wide field still remains open.» So on no account did Steingruber regard his alphabet as some whim of old age; rather he intended here to step onto virgin soil, to venture forth and anticipate the future. «Not enough changes are made in the shapes of buildings,» he wrote in criticism of the architecture of his times, «even though people are highly changeable in their ways of thinking. Should we not cease at last being slavish imitators of our predecessors: nothing proves more the lack of genius and the barren imagination of our architects than the uniformity that dominates their designs.» Similarly: the design of alphabetical buildings must not be based slavishly on a Baroque roman type or a classicist roman version.

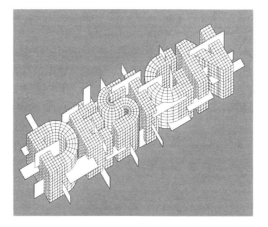

PS: «Si l'on utilisait les formes de l'alphabet pour les bâtiments d'une ville», écrivait Claes Oldenburg (*1929) dans ses notes, «l'effet serait un mélange de modernité et de tradition, à la fois significatif, riche en styles et instructif.» L'alphabet de Steingruber est comme une préfiguration des réflexion de Oldenburg, que le Japonais Takenobu Igarashi (*1944) cherche aujourd'hui à réaliser avec ses alphabets architectoniques. Igarashi ne se contente pas de vivre entre Tokyo et la Californie; ce graphiste, designer et architecte de renommée internationale met à profit cet écart entre deux continents dans ses travaux qui incarnent une attitude bien spécifique sur fond de biculturalisme. Ceci est particulièrement visible dans ses sculptures qui sont autant de confrontations plastiques avec l'alphabet latin. Utilisant toute une gamme de variantes (alphabet en aluminium, en béton, en corde, en bois, en chrome ou en or) il a aussi sondé toute la capacité formelle et iconographique des lettres à des fins architectoniques.

*PS «Wenn man sich für die Gebäude einer Stadt der alphabetischen Formen bediente», schrieb Claes Oldenburg (*1929) einmal in seinen Notizen, «dann wäre der Effekt sowohl modern wie traditionell, bedeutsam, stilvoll und instruktiv.» Steingrubers Alphabet wirkt wie eine Vorwegnahme von Oldenburgs lauten Gedanken, die der Japaner Takenobu Igarashi (*1944) mit seinen plastisch-architektonischen Alphabeten heute ansatzweise sogar zu realisieren versucht. Igarashi lebt und arbeitet nicht nur zwischen Tokio und Kalifornien; der international anerkannte Graphik-Designer und Bildhauer nützt diesen Spagat zwischen zwei Kontinenten gleichzeitig auch für seine Arbeiten, die auf dem zweifachen kulturellen Hintergrund eine ganz spezifische Stilhaltung verkörpern. Besonders auffällig wird dies in seinen zumeist plastisch-bildhauerischen Auseinandersetzungen mit dem lateinischen Alphabet. In vielen Varianten (Aluminium-, Beton-, Kordel-, Holz-, Chrom- oder Goldalphabet etc.) lotet er die formale und ikonographische Leistungsfähigkeit der Buchstaben auch für architektonische Zwecke aus.*

P.S. In his notes, Claes Oldenburg (*1929) writes that if the buildings of cities were to be shaped like the letters of the alphabet, «the effect would really be both modern and traditional, essential, elegant and educational.» Steingruber's alphabet seems to anticipate Oldenburg's thoughts which the Japanese artist Takenobu Igarashi (*1944) is now partly attempting to realize in his three-dimensional architectural alphabets. Igarashi not only lives and works with one foot in Tokio and the other in California; the internationally renowned graphic designer and sculptor also incorporates this balancing act between two the continents into his work, which reveal a very specific stylistic position set against this twin cultural background. This is particularly striking in his largely three-dimensional sculptural observations on the Latin alphabet. In numerous variations (alphabets of aluminium, concrete, cord, wood, chrome or gold etc.) he sounds out the formal and iconographic potentialities of the letters -- not least for architectural purposes.

a b c d e f g h i j k l m
a l p h a b e t s j k l m
a b c d e b u c h s t a b
a b c d e f g h i j k l m
a b c d e f g h i j k l m
a b a s o l i h i j k l m
a b e t t i g h i j k l m
a b c r e s c i i j k l m
a b c d e f g h i j k u b
a b c m e r k e n j k l m
a b c d e f g h i j k l m
a b c p i n g e l i n g m
a b s c h w a n d n e r m
a b c t e i g e i j k l m
a b c d e f g h i j k l w
a b c d e f g h i j k l m
a b c d e f g h i j k l m
a b c d e b u c h s t a b
a l p h a b e t s j k l m
a b c d e f g h i j k l m